JN027484

改正のポイントから
オンライン申請手続きまで

改正民法・不動産登記法の基本

司法書士 岡 信太郎

日本実業出版社

はじめに

相続手続きって、何だか面倒でややこしそうだと感じていませんか？　また、登記はあまり馴染みがないし、よくわからない、という方が多いのが実情ではないでしょうか。

そんな国民感覚を知ってか知らずか、私たちの生活に直結する法改正が行われました。2021（令和３）年４月に、民法と不動産登記法の内容を改正する「民法等の一部を改正する法律」と、「相続等により取得した土地所有権の国庫への帰属に関する法律」が国会で可決され成立したのです。

不動産は私たちの大切な財産だけに、この改正はメディアでも大きく取り上げられました。“変わる不動産法制”として、「相続登記の義務化」「違反した場合の過料」「遺産分割に期間制限」などの大きな見出しを目にするようになりました。ただでさえ相続は大変なのに、今後さらに負担が増えるのかと感じる方も少なくないようです。

私は、26歳のときに登記の専門家である司法書士に登録して以降、これまで相続分野に力を入れて関連書籍を上梓してきました。

相続登記の業務は年々増えており、今回の改正でより一層相続への関心が高まっていると肌で感じています。超高齢化社会に突入し、死亡者数が毎年130万人を超える大相続時代。誰もが相続や登記に関する知識を得ておくべきフェーズに入ったのです。

そして何より、今回の改正のニュースを聞き、早くその概要を知りたいという声も上がっています。

相続登記は不動産の名義変更とも呼ばれ、親の遺産に不動産があれば、誰の身にもふりかかる問題といっても過言ではないでしょう。とはいえ、相続は一生のうちでそうそう経験するものではありません。そのため、相続が起こった際は、いつまでに何をしたらよいか、何から手をつけたらよいのか判断に悩みます。

加えて、今回の改正による「相続登記の義務化」。不安を感じるのも無理はありません。

そこで、少しでも早く法改正の内容を知ってもらいたく、本書を執筆することになりました。

しかしながら、本書は改正の内容のみを網羅的に書いたものではありません。改正に至った経緯、改正のポイント、登記簿の読み方や登記の申請方法に至るまでを解説しています。義務化の言葉が独り歩きしている側面もありますが、今回の改正では簡易な登記が創設されています。また、条件はありますが、相続した土地を国庫に帰属させる新たな制度も準備されます。

実務の観点から述べていますので、改正の趣旨を押さえながら、いざ相続登記をする際の参考になるように構成しています。図版も多く用意しましたので、イメージをつかめるのではないでしょうか。本書を読めば、改正の基本を押さえつつ、実際に何をすればよいかがわかるはずです。

「親の相続が心配だ」「自分の不動産はどうなる」「登記簿の見方がわからない」といった方や、普段、相続や登記に関わることのない方にこそ、ぜひ本書を手に取っていただきたいと思っています。

所有者不明土地問題に端を発した今回の法改正。一見、私たちの負担が増えるようにも見えます。しかし、次世代の負担を考えたとき、今回の改正が国土の在り方を見つめ直すきっかけになるよう願っています。

2021年6月

岡　信太郎

＊本書の内容は2022（令和４）年７月１日現在の法令等に基づいています。

CONTENTS

第3章 ここまで進んだ不動産登記のオンライン化

第4章 登記簿の読み方と基本的な手続き

第5章 相続登記（名義変更）をオンラインで申請しよう

著者エージェント／アップルシード・エージェンシー
カバーデザイン／吉村朋子
本文ＤＴＰ／一企画

第1章

民法・不動産登記法の改正による影響

1 所有者不明土地増加で国が動く
～九州が北海道に～

増加し続ける所有者不明土地

所有者不明土地の増加が空き家と並んで大きな社会問題となっています。特に2011（平成23）年に起きた東日本大震災の復興において、所有者不明土地がその大きな妨げとなっている事実が次々と報告されました。

私たちが土地や建物の不動産を所有することは、憲法により私有財産制として保障されています。その一方で、国土の保全という国家の在り方を考えたときに、国がまったく対策を取らず、このまま所有者不明土地を放置することは、次世代に大きな負担を強いることを意味します。

ましてや、日本はすでに超高齢社会に突入し、人口減少社会、さらには大相続時代を迎えようとしています。

昨今のこのような社会情勢の中、政府は所有者不明土地問題の解決を喫緊の課題として対策を本格化させました。そしてついに、2021（令和３）年４月の国会で民法及び不動産登記法が改正されたのです。

民法・不動産登記法の改正については、これまで法務省の法制審議会で議論が交わされてきました。途中、2020（令和２）年の新型コロナウイルス感染拡大により審議が中断したこともありますが、次ページ上図のようなスケジュールで法改正が進められました。

所有者不明土地は九州から北海道の広さに

一連の法整備が進んだとはいえ、所有者不明土地問題がすぐに解決するわけではありません。所有者不明土地は、今この瞬間も増え続けています。

所有者不明土地問題研究会（座長 増田寛也元総務相）の推計によると2016

民法・不動産登記法改正の流れ

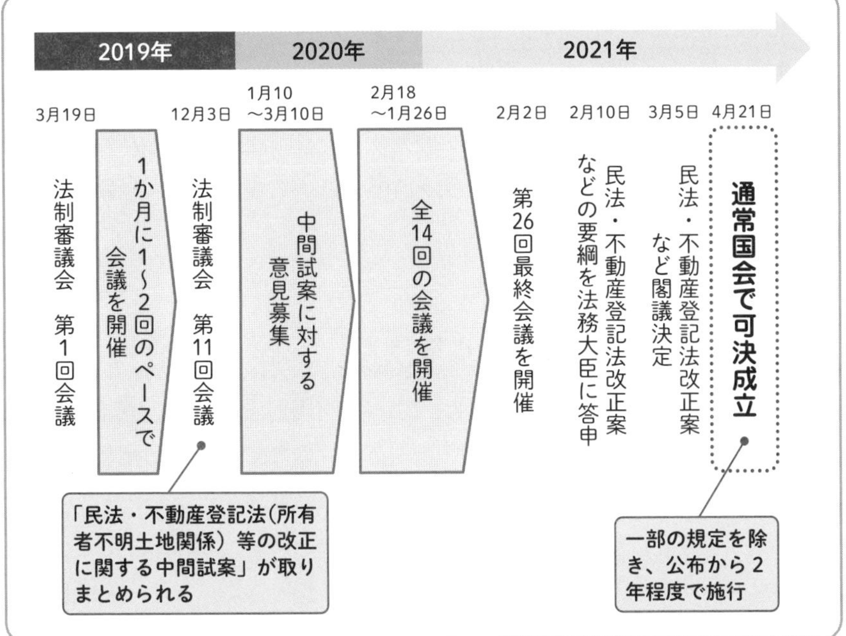

所有者不明土地面積の推計

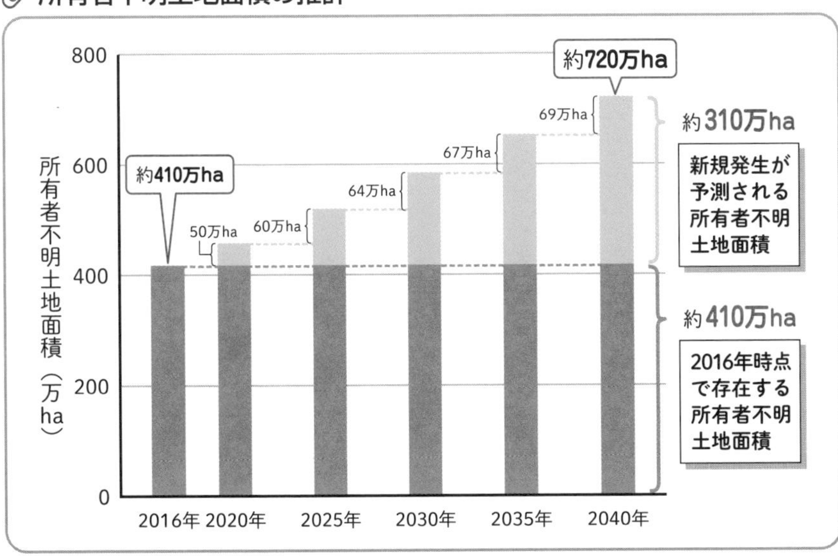

出典：所有者不明土地の将来推計（所有者不明土地問題研究会）より作成

年時点で所有者不明土地は全国で約410万haに上り、九州の面積を上回るとされています。

そして、将来の死亡者数や相続未登記率に基づいて所有者不明土地面積を推計したところ、このままいけば2040年までに約310万ha増え、国土の２割に相当する約720万haに広がるとされています。これは、北海道に匹敵する面積であり、所有者不明土地は近い将来、**九州から北海道の規模**に膨れ上がろうとしているのです。

所有者不明土地の定義とは？

前ページ下図の2016年時点で存在する所有者不明土地面積の「所有者不明」の定義は、登記簿上の登記名義人（土地所有者）の登記簿上の住所に、調査実施者から現地調査の通知を郵送し、この方法により通知が到達しなかった場合を計上しています。一方、2020年以降の「所有者不明」の定義は、「土地の相続登記意向に関するアンケート調査」の結果、①相続し登記する、②相続し売却する、③相続するが登記しない、④相続自体を放棄する、のうち、③または④と回答し、相続未登記が想定される場合を計上しています。

所有者不明土地は**復興や開発の妨げ**になるだけではありません。管理不全によって**近隣住民に被害**を及ぼしているケースが多数あります。

例えば、樹木・雑草の繁茂により電線や隣家を危険な状態にさらしてしまっていたり、ゴミの不法投棄場所となってしまっているけれども、土地の所有者と連絡が取れないため、自治体がゴミを処分できないといったことが報告されています。

このような状況の中で、今回の法改正にどこまで実効性を持たせることができるのか国の本気度が問われています。そして、私たち国民も次世代に負担を先送りしないよう意識改革を求められているのです。

2 民法・不動産登記法の改正が私たちの生活に与える影響

民法改正により所有者不明土地の「発生を防止」

民法には私たちの生活に関するさまざまな規定が記されています。契約のことや相続のことなど、身近なルールが体系化されているのです。

今回の改正では所有者不明土地の発生を防止し、そして、円滑かつ適正に利用できるよう見直しが進められました。その中でも、次項以降で詳しく解説する相隣関係や共有関係に関する規定の見直しが図られました。

隣地所有者や共有者の１人と連絡が取れないために、土地利用が制限されているという社会問題に光が当てられた形となっています。

相続分野においても、改正がなされています。それは、遺産分割に関する期限の設定です。改正議論の過程で紆余曲折はありましたが、不動産登記法における相続登記の未了を防ぐための伏線といえます。

いずれも私たちの生活に大きく関わりますので、今回の改正点を押さえておきたいところです。

改正不動産登記法の目玉「相続登記の義務化」

不動産登記法の改正についても、注意が必要です。

これまで、任意とされてきた相続を原因とした所有権移転登記が義務化されます。“相続登記の義務化”といわれるものです。改正法施行後は、相続開始後３年以内に相続登記を行わないと過料に処せられる可能性があります（42ページ参照）。

義務化や過料という厳しい言葉が躍っていますが、義務化にともない簡易な登記が創設されます。その他にも負担軽減策が取られることが期待されます。

法改正の趣旨を理解するとともに、相続登記に備える必要があります。そこで、本書では実際の相続登記の申請方法については第５章で解説しています。

行政手続きのデジタル化の波が不動産登記にも

民法・不動産登記法改正と相まって、行政手続きのデジタル化が不動産登記にも大きな影響を与えようとしています。

2020年の新型コロナウイルス感染拡大により、非対面・非接触が求められるようになりました。そのために、デジタル技術の活用が急務となったのですが、各方面で日本の遅れが露わになりました。

このような中、コロナ禍を契機として、今後日本のデジタル化が大きく進展する可能性があります。まさにピンチをチャンスに変えることができるか、私たちは試されているのです。

安倍政権の後を引き継いだ菅政権は、改革の象徴としてデジタル庁の設置を公約に掲げました。マイナンバー活用拡大、地方自治体の基幹システム統一などを進め、新型コロナウイルスで浮き彫りになった日本のデジタル化の遅れを挽回するための政策を進めることになります。

このような大きな流れの中で、改めて不動産登記制度の在り方をとらえていく必要があります。不動産登記も行政手続きの１つであり、今後さまざまな角度からデジタル化に対応した見直しが図られることが予想されます。

不動産登記の申請手続きは、比較的早い段階からオンライン申請を導入し、促進されてきた経緯があります。デジタル庁の設置はこの流れに拍車をかけることになるでしょう。

そのため本書では、登記事項証明書をオンラインで取得する方法や相続登記をオンラインで行う方法、いわゆるオンライン申請についても解説しています。

オンライン申請の最大のメリットは、法務局に出向くことなく自宅からでも手続きを完結できる点にあります。受付時間も窓口より長く設定されているため、日中は仕事で動けない方にとっても利用しやすくなっています。

今後は、オンライン申請を視野に入れながら、相続登記義務化に備えることが重要となります。

所有者不明土地等問題対策推進の工程表

課題等

土地所有に関する基本制度
- 人口減少社会で、所有者不明や管理不全の土地が増加し、周辺環境の悪化や有効利用を阻害
- 地籍調査について、一部の所有者が不明な場合などに、調査が進まず、進捗に遅れ

登記制度・土地所有権の在り方等の検討
- 相続が生じても登記が行われず、所有者不明土地が多く発生
- 遠隔地居住の相続人等が土地を管理することができず、環境悪化
- 所有者が一部不明な共有地は、合意が得られず管理や処分が困難

多様な土地所有者の情報を円滑に把握する仕組み等
- 死亡時の相続登記や住所変更登記がされないと、登記から直ちに土地所有者情報の把握が困難

2020年（令和2年）

○土地基本法等の一部を改正する法律（3月31日公布）
- 土地基本法、国土調査法等の改正

↓

○土地基本方針等の策定
- 土地基本方針の策定
- 新たな国土調査事業十箇年計画の策定

○法制化に向けた最終的な検討、改正要綱答申（法制審議会）

◆所有者不明土地の発生を予防するための仕組み（不動産登記情報の更新を図る方策）
- 相続登記や住所変更登記の申請を義務付け
- 登記所が他の公的機関から所有者の死亡情報等を取得して不動産登記情報を更新
- 相続した土地を手放し一定の要件下で国庫に帰属させる制度

◆所有者不明土地を円滑・適正に利用するための仕組み
- 公告等をした上で、不明者以外の共有者の同意による土地利用や金銭供託等による不明者との共有関係の解消を可能に
- 相続開始から長期間経過後は法定相続分で簡明に遺産分割
- 所有者不明土地・建物の管理に特化した財産管理制度
- ライフライン設置等のため隣地の使用を円滑化　　等

- 戸籍情報を電子的に提供する新システムの設計・開発
- 自治体の協力による登記手続きの促進等・各種台帳の情報連携を容易にするためのデータ形式の見直し等の検討

個別施策の推進、制度見直しの検討

新十箇年計画に基づき、地籍調査を円滑・迅速に推進

2021年（令和3年）

○土地基本方針の改定
- 民事基本法制の見直しや特措法見直しに向けた検討等を反映

○民法等の一部を改正する法律案、相続等により取得した土地所有権の国庫への帰属に関する法律案提出・国会審議
- 相続登記等の義務化
- 他の公的機関との連携による登記情報の最新化
- 相続した土地の国庫帰属制度
- 共有地の利用等の促進
- 所有者不明土地・建物管理制度
- 相隣関係規定の合理化　　等

令和4年度税制改正要望（登記関係）

施行準備（一部を除き、公布から2年程度で施行）

2022年（令和4年）

出典：所有者不明土地等問題対策推進の工程表（法務省）より作成

3

改正民法・不動産登記法の全体像を把握しよう

令和３年４月に２つの法律が成立

前述のとおり、私たちの生活に直結する民法と不動産登記法が、このたび改正され成立しました。

民法と不動産登記法の改正については、「民法等の一部を改正する法律」（令和３年法律第24号）として、2021（令和３）年４月28日に公布されました。施行期日については、2023（令和５）年４月１日（相続登記の申請の義務化関係の改正については2024（令和６）年４月１日、住所等変更登記の申請の義務化関係の改正については公布後５年以内の政令で定める日）とされています。

また、「相続等により取得した土地所有権の国庫への帰属に関する法律」（令和３年法律第25号）も同時に成立しました。いわゆる土地所有権の国庫帰属制度の新設です（2023〔令和５〕年４月27日施行）。

この項では、改正内容の詳細に入る前に「民法等の一部を改正する法律」に関する全体像について確認します。なお、土地所有権の国庫帰属制度については、新たな制度として第１章７、８項で解説します。

見直された民法

今回の改正は、民法の中でも所有者不明土地問題に関連した部分に変更が加えられました。また、現行法では対応できない部分については、新たな制度が創設されています。

ある土地の所有者が不明となり連絡先もわからない状況になったとき、まっさきに影響を受けるのが、何といっても近隣住民です。そのため、改正では隣地を使用するための権利（隣地使用権）の目的範囲が拡大されました。さらに、

所有者不明土地問題解決のための施策

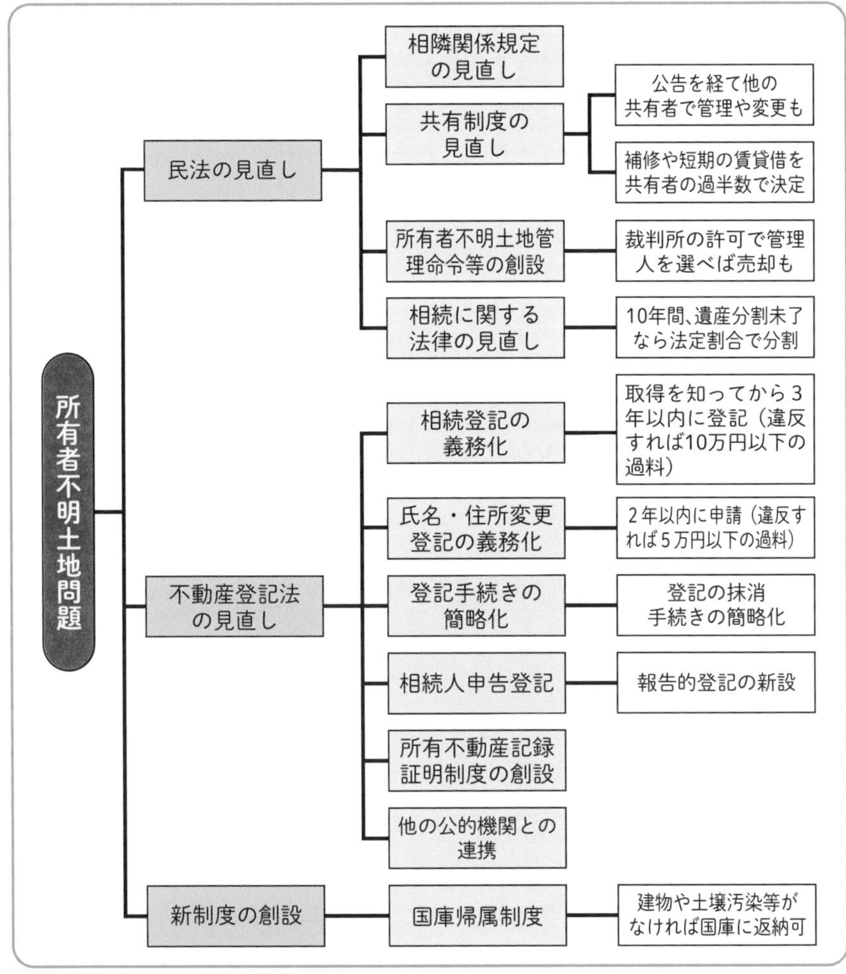

境界標の調査や境界に関する測量のために、一定の条件の下で隣地を使用することが可能となります。また、越境する竹木の所有者が不明なときに、その枝を切除することができるとされました。

土地の共有関係に関する規定も変更されています。というのも、共有となっている土地において、共有者が他の共有者を把握できていない状態が多く生じています。そこで、これまで共有者全員の同意が必要とされていた共有物の変更について、「その形状又は効用の著しい変更を伴わないものを除く」と例外規定が入った上で、共有物の変更に関する要件が実質緩和されました。そして、裁判所を通すことにより共有物の変更・管理行為を行いやすくなる規定、所在等不明共有者の持分を取得できる規定が新設されています。

相続登記と関連する相続分野においても、各種の改正や新設がなされています。代表的なのが、これまで相続人不在の場合の財産管理人である“相続財産管理人”が“相続財産清算人”へと名称変更されたことです。これに伴い、相続財産に関する清算手続きが合理化されました。今後ますます増えるであろう相続人不在に備え、整理したのです。

また、遺産の分割を話し合う遺産分割についても見直されました。相続開始のときから10年を経過した後は、民法903条（特別受益）から民法904条の２（寄与分）の規定が適用されないことになったのです。今後は、相続開始後10年を区切りに遺産分割協議の様相が変わる可能性があります。

見直された不動産登記法

これまで相続登記を行うかどうかは当事者の任意とされてきました。しかしながら、今回の改正により、相続登記の申請を行うことが義務化されました。相続登記に公法上の義務を課すというのは、まさに不動産登記法の歴史的転換といえます。

所有権の登記名義人を変更すべく、相続登記を義務化しただけにとどまりません。所有者の住所や氏名に変更があった場合にも、変更登記を行わなければならないとされました。住所変更等についても、義務となったのです。

現在の所有者が誰であるかを正確に登記に反映させ、さらに所有者の氏名や住所についても現状と一致させるという目的の下、これまでの常識が通用しない改正内容となっています。

その一方で、単に登記を義務化しただけでは実効性を欠くことになります。行政サイドつまり不動産登記行政を扱う法務局にも所有者不明土地問題を解決するため、積極的なアプローチが求められることは言うまでもありません。そのため、今回の改正の中では、登記所が他の公的機関から所有権の登記名義人の死亡情報や氏名または名称及び住所の変更情報を取得するための仕組みが導入されることになります。

4 民法改正の影響①
相隣関係規定の見直し

相隣関係規定における現行法の課題とは？

現行の民法第209条第１項では、「土地の所有者は、境界又はその付近において障壁又は建物を築造し又は修繕するため必要な範囲内で、隣地の使用を請求することができる」と規定されています。

ところが、この規定では、隣地の使用をどこまで請求することができるのかが明らかになっていませんでした。それに加えて、**隣地の所有者と連絡が取れない場合への対応**が示されていません。隣地の所有者を探すことは大変な作業であり、時間と労力がかかってしまい、裁判ともなるとますます負担が大きくなります。

所有者不明土地問題の解決が社会的課題となる中、今回の改正民法ではこの規定が改められ、土地の所有者は、次の３つの場合に目的を達成するために**必要な範囲内で隣地の使用をすることができる**とされました。

① 境界またはその付近における壁などの工作物の築造・収去・修繕
② 境界標の調査や境界に関する測量
③ 竹木の枝の切除の規定による枝の切取り

このように新たな目的範囲が明記され、隣地を使用する必要性が高いと思われる場合には、隣地の使用権が認められることになります。このことは、**ライフライン設備の設置**（例えば、電気、ガス、水道水の供給や下水の排出設備等の設置）にも寄与することが期待されます。

ただし、住家への立ち入りは居住者の承諾が必要であり、隣地の使用方法等は隣地所有者・使用者にとって損害が最も少ないものを選ばなければならないといった制約はかかります。

樹木に越境された側が切除可能に

隣地使用権だけではなく、竹木の枝の切除についてもこれまでの規定では弊害が出てきていました。

というのも、現行の民法第233条第１項では、「隣地の竹木の枝が境界線を越えるときは、その竹木の所有者に、その枝を切除させることができる」と規定されています。

したがって、自分の土地に隣地の枝が入ってきても、竹木の所有者、つまり隣地の所有者に枝を切ってほしいと依頼するしかなかったのです。枝が入り込んで迷惑を被っていても、越境された側が勝手に自分の判断で切除することができませんでした。

この空き家問題に付随する点についても、次のように改正され、条件に合えば、越境された側が**自ら竹木の枝を切除することが可能**になっています。

具体的には、土地の所有者は、隣地の竹木の枝が境界線を越えるときは、その竹木の所有者に枝の切除させることができる。竹木が数人の共有であっても、各共有者が単独で枝を切り取ることができる旨が規定されました。

ここからが重要です。次の要件に該当した場合は、**土地の所有者が自ら枝を**切り取ることができると規定されました。

① 竹木の所有者に枝を切除するよう催告したにもかかわらず、竹木の所有者が相当の期間内に切除しないとき
② 竹木の所有者を知ることができず、またはその所在を知ることができないとき
③ 急迫の事情があるとき

このように、所有者不明土地問題に照準を合わせた改正となっています。

隣地等の利用・管理の円滑化

	相隣関係規定の見直し	
▶ライフラインの導管等を隣地等に設置することについての根拠規定がなく、土地の利用を阻害		○ライフラインの設備設置権等の規律の整備 ライフラインを自己の土地に引き込むための導管等の設備を他人の土地に設置する権利を明確化し、隣地所有者不明状態にも対応できる仕組みも整備する ⇒ライフラインの引込みを円滑化し、土地の利用を促進
▶所有者が判明していても、土地や建物が管理されないことによって荒廃し、危険な状態になることもある		○管理不全土地・建物の管理制度の創設 所有者が土地・建物の管理に無関心なため放置していることで他人の権利が侵害されるおそれがある場合に、裁判所による管理人の選任を可能にする制度を創設する ⇒管理不全化した土地・建物の適切な管理が可能に

出典：所有者不明土地の解消に向けた民事基本法制の見直し（法務省）より作成

越境した竹木問題を法改正で解決へ

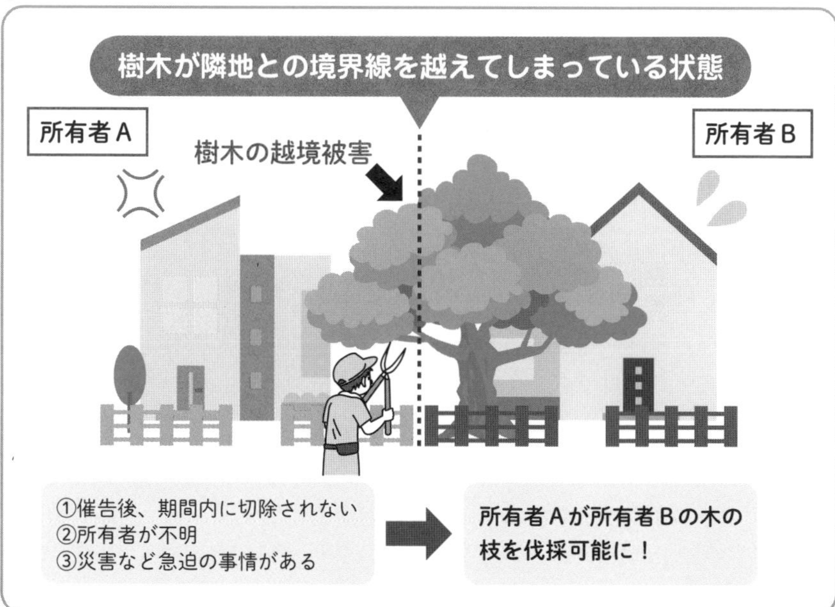

①催告後、期間内に切除されない
②所有者が不明
③災害など急迫の事情がある

→ 所有者Aが所有者Bの木の枝を伐採可能に！

5

民法改正の影響②

共有制度の見直し

共有制度における現行法の課題とは？

現行の民法のままでは、所有者不明土地に対応できない問題が顕在化していました。前項の相隣関係とともに、ここで取り上げる共有制度もその１つです。

隣地所有者が不明のときと同様に、共有となっている土地においても共有者の１人または複数が不明となっているため、共有地の土地利用に大きな制約が出ているのです。

現行の民法は、共有制度について以下のように規定しています。

① 共有物の保存（修繕など）→ 各共有者が単独でできる
② 共有物の管理（賃貸など）→ 持分の価格の過半数で決定
③ 共有物の変更（売却など）→ 共有者全員の同意が必要

つまり、③の場合など共有者の中に１人でも所在等不明共有者がいれば、共有となっている土地の処分ができない可能性があります。共有者の多数が賛成していても、手続きがストップしてしまう恐れがあるのです。

もちろん、所在等不明共有者がいたとしてもまったく手続きができないわけではありません。共有物分割請求訴訟（裁判所を通じて共有状態の解消を行う訴訟）を起こすことはできます。

しかしながら、この通常の訴訟手続きを選択した場合、弁護士への依頼が必須となり、当然その費用が発生します。また、共有者の数が多ければ多いほどその分、コストがかかってしまうという問題が生じます。

所在等不明共有者がいる場合への対応

▶所在等不明共有者がいる場合には、利用に関する共有者間の意思決定や持分の集約が困難	共有制度の見直し	○共有物の利用の円滑化を図る仕組みの整備 • 裁判所の関与の下で、不明共有者等に対して公告等をした上で、残りの共有者の同意で、共有物の変更行為や管理行為を可能にする制度を創設 • 裁判所の関与の下で、不明共有者の持分の価額に相当する額の金銭の供託により、不明共有者の共有持分を取得して不動産の共有関係を解消する仕組みを創設 ⇒不明共有者がいても、共有物の利用・処分を円滑に進めることが可能に

出典：所有者不明土地の解消に向けた民事基本法制見直し（法務省）より作成

共有物の利用がスムーズに

今回の改正により、共有物の利用の円滑化を図る仕組みが整備されることになります。

その１つとして、共有物の変更行為についての規定が変更され、一連の流れを踏むことで共有物を売却したりできるようになります。改正法施行後は裁判所を通した“**公告等による簡易な手続き**”が制度化されることになります。

所在等不明共有者の持分を取得する

所在等不明共有者の持分の取得について新たな規定が設けられることにも注目すべきです。所在等不明共有者の持分とは、例えばAさん、Bさん、Cさんの３人で土地を共有していて、Cさんの所在がわからなくなり連絡も取れなくなった場合のCさんの持分のことを指します。このとき、AさんとBさんが所在等不明共有者であるCさんの**持分を取得**しやすくするため、次のような通常の訴訟より手続きを簡略化した仕組みが整備されます。

①裁判所の関与の下、所在等不明共有者に対して公告等を行う

↓

②期間内に所在等不明共有者から異議の届出なし

↓

③裁判所が定める額の金銭を裁判所の指定する供託所に供託

↓

④「他の共有者の持分を取得させる」旨の裁判

↓

⑤判決による持分移転登記を行う

現行民法下では次ページ上図のような手順が必要でしたが、それが簡略化されました（次ページ下図参照）。

共有物の管理者を通して利活用する

共有物の管理者に関する規定も新設されています。

現行法でも、共有者が共有物の管理者を選任することは可能と解されていましたが、共有物の代表窓口となるべき管理者の選任要件や権限については明確ではありませんでした。そのため、共有地となっている土地を利用したり、取得したりしようとすると共有者全員と交渉する必要がありました。そのことが、全員の調査や特定に多大な労力を要していたのです。

その点、管理者の選任解任規定などが明記されました。管理者を対外的窓口とすることができるようになります。共有者間の関係が希薄な場合などに、共有者の中から選ばれた管理者を通して土地の利活用ができるよう共有物の円滑な管理の調整が図られたのです。

これにより、共有となっている土地に所在等不明共有者がいても、共有物の利用や処分が円滑に進められることが期待されます。

次ページ図のように、通常の訴訟だと時間と費用が多大にかかってしまいます。まして、所在等不明共有者が多ければ、その特定作業が難航します。労力ばかりがかかるので、調査途中で断念してしまうことも……。円滑な土地利用の大きな制約となっていました。

従来の共有物の変更行為手続き

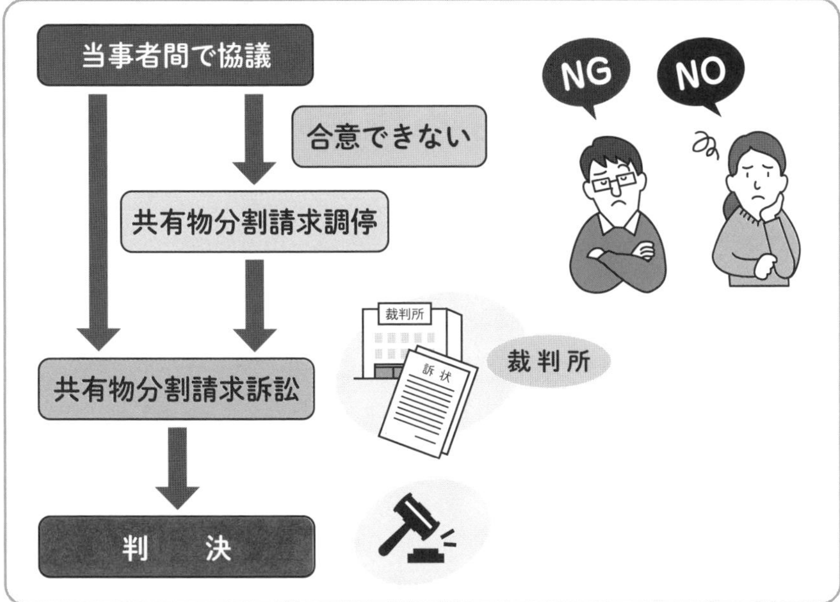

簡略化された所在者不明共有者の持分取得手続き

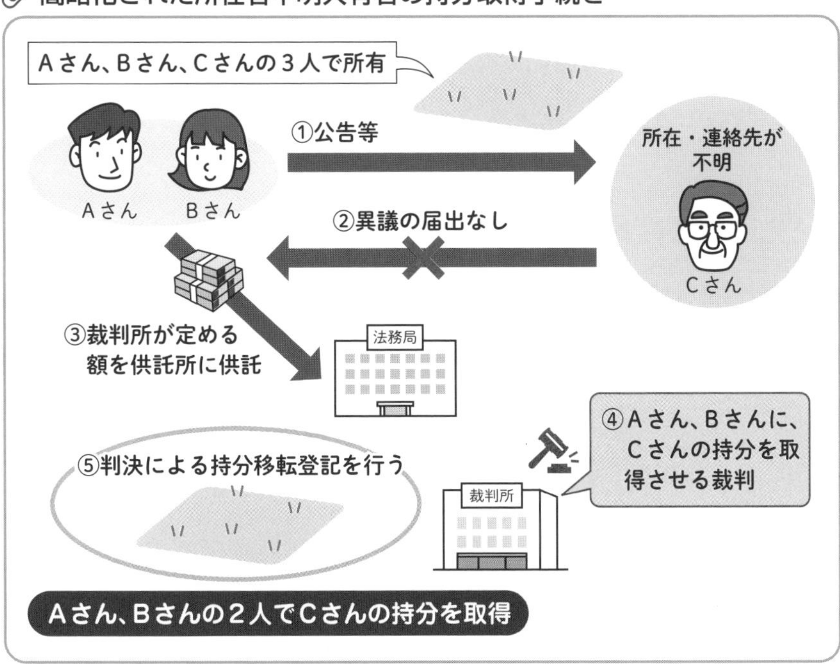

6

民法改正の影響③

遺産分割に関する規定の見直し

簡単にはいかない遺産分割協議

所有者不明土地問題の原因として、相続登記の未了が問題視される一方で、その前提となる遺産分割協議についても今回の改正の対象となりました。

亡くなった方が不動産を所有していた場合に、不動産の名義を変えずそのまま放置されているケースが実務上、数多くあります。その背景として、不動産の承継に関する権利関係の話し合いが行われていない、あるいは、話し合いがまとまらないことがあります。

特に相続の対象となる不動産が手つかずの山林や田畑だったり、相続人が戻る見込みのない実家などではその傾向が顕著に見受けられます。

もちろん、一度話し合いをしようとはしたが途中、相続人間でもめるなどして話し合いが行き詰まることもあり、一筋縄ではいかないのも実情です。

先送りで複雑化する相続関係

遺産分割協議がまとまらず、月日だけが過ぎてしまう……。このような状況が続くと、相続をめぐる問題が複雑化してしまう恐れがあります。

というのも、最初の相続について話し合いができていないうちに、次の相続が発生してしまう場合があるからです。いわゆる**二次相続の発生**です。

例えば、父親名義の不動産について、配偶者である母親がその不動産に住み続けているから名義変更までしなくてよいと判断し、父親からの名義変更を済ませていないケースがあります。子どもたちは母親に何かあってから、名義変更手続きをすればよいと考えているのです。

ところが、父親の遺産分割が未了のうちに、子どもの１人が母親より先に亡

遺産分割長期未了状態への対応

	相続制度の見直し	
▶長期間放置された後の遺産分割では、具体的相続分に関する証拠等が散逸し、共有状態の解消が困難	⇒	**○長期間経過後の遺産分割の見直し** 相続開始から10年を経過したときは、個別案件ごとに異なる具体的相続分による分割の利益を消滅させ、画一的な法定相続分で簡明に遺産分割を行う仕組みを創設 **⇒遺産分割長期未了状態の解消を促進**

出典：所有者不明土地の解消に向けた民事基本法制の見直し（法務省）より作成

くなってしまうことがあります。そうすると、亡くなった子どもの家族（配偶者と子ども）が父親の不動産についての権利者となります。そして、最初の相続から相続人が一気に増えるのです。

あるいは、再婚や養子縁組で関係者が多くなっていくなどして**相続人が膨れ上がる**ことがあります。そうなると、いざ遺産分割協議をしようとしても、面識もなく連絡先すらわからない事態となってしまいます。

遺産分割協議に10年の期限を設定

そこで、今回の改正では、遺産分割に関する規定の見直しが行われました。これまで期限のなかった遺産分割協議に**10年間という期限が設定**されたのです。

ただ、期限といっても何も10年以内に遺産分割協議を行わないといけないということではありません。

改正に関する議論の中では、「遺産分割に期間制限を設ける」「一定の期間経過後は遺産分割協議ができないものとする」といった提案が一部でなされました。しかしそれでは、国民に遺産分割協議、つまり意思表示を強制することになるとして、遺産分割協議そのものに期限を設定する案は見送られました。

最終案として、相続開始から10年経過すると特別受益や寄与分の主張をすることができず、**原則として法定相続分で分ける**という内容となりました。

この遺産分割協議への期限設定により、相続開始後10年を経過した場合は注意が必要となります。改正法施行後の運用にもよりますが、相続人のうちの１人が、住宅取得のための資金援助を受けていた（特別受益）、あるいは、家業を手伝い亡くなった方の資産形成に貢献した（寄与分）などの主張をすることができなくなる可能性があります。

そのため、今後は早めに遺産分割協議を行うことはもちろんのこと、話し合いがつかない場合には家庭裁判所の手続きを利用するなどの対応が求められます。

遺産分割協議の期限設定で土地活用がスムーズに

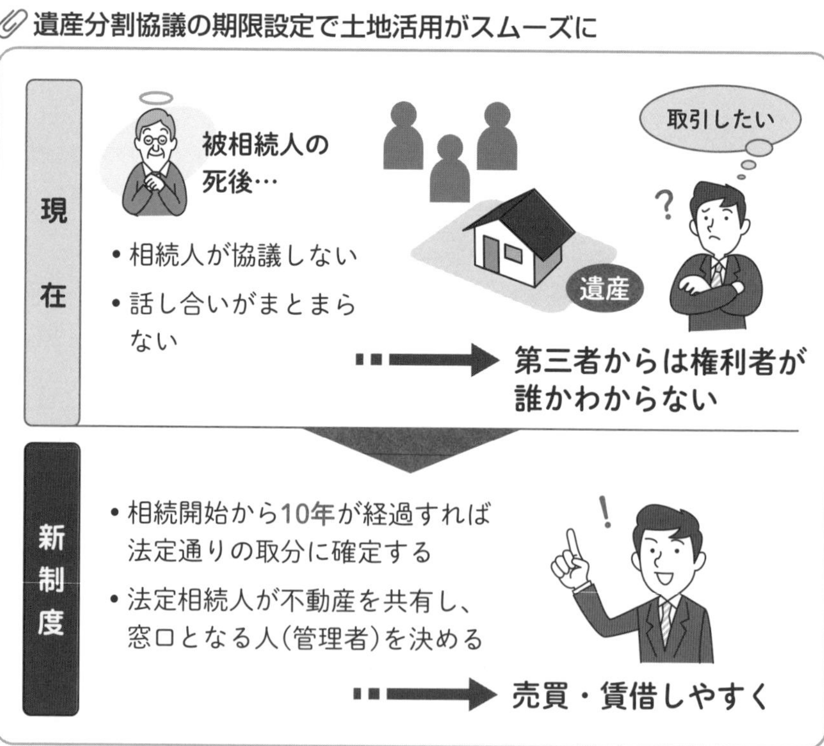

7

新制度

土地所有権の国庫帰属

不動産ではなく“負動産”

ここまで、相続登記の義務化や遺産分割協議に関する期間設定について解説してきました。しかしながら、ここである大きな課題に直面します。

その課題とは、引き受け手がいない、いわゆる“負動産”です。

人口が増加している時代、なかでも現役世代の人口が増えている時代（1995［平成７］年にピークアウト）では、結婚し、家族が増え、自宅を持つ、という大きな住宅需要がありました。実際、高度経済成長期においては土地開発が盛んに行われ、土地転がしという言葉が生み出されたほどです。

しかし、今の日本は人口減少社会に突入しています。各地域の過疎化や限界集落が大きな問題となっています。その結果、土地を手放したい、相続したくないと考える人は増えています。

このような時代背景を考えると、相続登記の義務化や遺産分割協議の期間設定により国民に一方的負担を求めるのは無理があります。

土地を手放すための制度の創設

そこで、今回の改正の目玉の１つとして、**土地所有権を国庫に帰属させるための制度**が創設されました。一定の要件を満たす場合に、土地を国に帰属させる仕組みが整備されるのです。

これは、日本の民法の規定をある意味大きく覆すものです。というのも、土地所有者がその土地を管理できないからといって、土地の所有権を放棄できる規定はありません。また、相続の場面においても、初めから相続人にならなかったものとみなされる家庭裁判所に対する相続放棄を除いて、相続人が土地の所有権を放棄する規定もありませんでした。

しかし、このような中でも自己への相続登記を望まず「土地を放棄できませんか」「行政にもらってもらいたい」という声は珍しくありませんでした。

そういった声を反映し、かつ、国土保全という観点から、相続等により取得した土地所有権を国庫へ帰属させる制度がついに創設されたのです。

国庫帰属への厳格な要件

しかしながら、国庫帰属はその後の土地の管理コストを国ひいては国民が負担することを意味します。したがって、相続等により取得した土地所有者が国庫帰属を希望する場合には、**厳格な要件を満たす必要**があります。

すなわち、次のすべての要件を満たした土地でないと、国庫帰属の対象とはなりません（条文から簡略化して記載します）。

① 更地であること
② 土地に抵当権などが設定されていないこと
③ 通路として使用されるなど他人による使用が予定されていないこと
④ 土壌汚染対策法に規定する特定有害物質（法務省令で定める基準を超えるものに限る）により汚染されている土地でないこと
⑤ 境界等がはっきりし、争いがないこと
⑥ 崖がある場合、その管理にあたり過分の費用等を要しないこと
⑦ 管理または処分を阻害する工作物等がないこと
⑧ 除去しなければ管理または処分をすることができない有体物が地下にないこと
⑨ 隣接土地所有者との裁判によらなければ管理または処分をすることができないものでないこと
⑩ その他、通常の管理または処分をするにあたり過分の費用または労力を要する土地として政令で定めるものでないこと

以上の要件が土地一筆ごとに審査されます。

土地所有権を国庫に帰属させる制度の創設

背景

①土地利用ニーズの低下等により、土地を相続したものの、土地を手放したいと考える人が増加している。

②相続を契機として、土地を望まず取得した所有者の負担感が増しており、管理の不全化を招いている。

○相続または遺贈（相続人に対する遺贈に限る）により取得した土地を手放して、国庫に帰属させることを可能とする制度を創設する。

○ただし、管理コストの国への転嫁や土地の管理をおろそかにするモラルハザードの恐れを考慮して、一定の要件を設定し、法務大臣が要件を審査する。

⇒将来的に土地が所有者不明化し、管理不全化することを予防することが可能になる

要件

通常の管理または処分をするに当たり過分の費用または労力を要する以下のような土地に該当しないこと

・建物や通常の管理または処分を阻害する工作物等がある土地　・土壌汚染や埋設物がある土地　・崖がある土地　・権利関係に争いがある土地　・担保権等が設定されている土地　・通路など他人によって使用される土地

※危険な崖地については、国庫帰属させるのではなく、引き続き、国土管理の観点から行政的な措置をとるなどして対応

※運用において、国や地方公共団体に対して、承認申請があった旨を情報提供し、土地の寄附受けや地域での有効活用の機会を確保する

○審査手数料のほか、土地の性質に応じた標準的な管理費用を基に算出した10年分の土地管理費相当額（詳細は政令で規定）の負担金を徴収する。

（参考）200㎡の国有地（宅地）の管理費用（10年分）は約80万円程度（柵・看板設置費用、草刈・巡回費用）

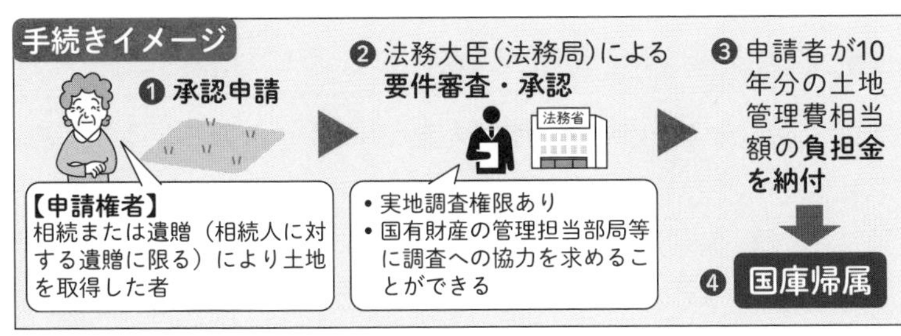
手続きイメージ
❶ 承認申請
【申請権者】
相続または遺贈（相続人に対する遺贈に限る）により土地を取得した者
❷ 法務大臣(法務局)による要件審査・承認
法務省
・実地調査権限あり
・国有財産の管理担当部局等に調査への協力を求めることができる
❸ 申請者が10年分の土地管理費相当額の負担金を納付
❹ 国庫帰属

出典：所有者不明土地の解消に向けた民事基本法制の見直し（法務省）より作成

8 新たな法律は不要な土地を手放すきっかけとなるのか

民法や不動産登記法とは別の新たな法律

前述した相続した土地を国庫に帰属させる法律の正式名称は「相続等により取得した土地所有権の国庫への帰属に関する法律」です。14ページの改正民法・不動産登記法の全体像のところで触れたとおり、民法・不動産登記法に関する「民法等の一部を改正する法律」とは別建てのものであり、新設される制度（相続土地国庫帰属制度）です。

所有者不明土地問題に端を発し議論の場となった法制審議会では、当初「土地所有権の放棄を可能とすること」の検討を求めたとされています。つまり、土地所有権の放棄を可能とする民事ルールを定めることが選択肢の１つでした。

しかし、土地所有権の放棄については、現行民法に規定がなく、確立した最高裁判例も存在しない、つまり、その可否は判然としないとして、民法改正ではなく、新たな制度を定める必要があるという結論に至りました。そこで、**新しい法律**として制定されたのが、本法律（相続土地国庫帰属制度）ということになります。

相続土地国庫帰属制度を利用できるのは誰？

この制度を利用するためには、**法務大臣**に対して土地の所有権を国庫に帰属させることについての承認を申請（承認申請）することとされています。

そして、その承認申請をすることができるのは、土地を相続または遺贈（相続人に対するものに限る）により取得した人となります。また、土地が共有地の場合は共有者全員から承認申請をしなければなりません。

相続土地国庫帰属制度を利用するためにかかる費用（例）

- 建物解体費用
- 抵当権抹消のための弁済・登記費用
- 境界確定のための土地家屋調査士の測量にかかる費用
- 土壌汚染がないことを証明するための地歴調査やレポートの費用
- 実地調査の審査手数料
- 10年分の土地管理費相当額

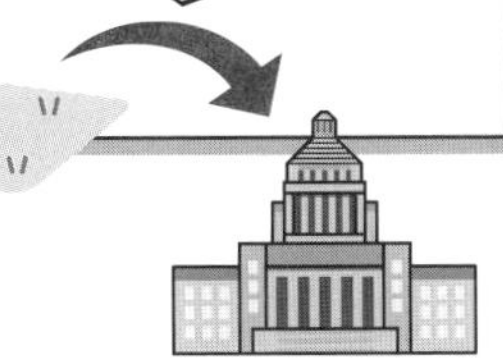

積極的に国が引き取るというよりも、国民が自発的に相続登記を進めることを促す予防策としての側面が強い

国庫帰属には厳格な要件を満たさなければならない

承認申請が認められるためには、対象土地が28ページで解説した要件をすべて満たさなければなりません。もしその土地が、通常の管理または処分をするにあたり過分の費用や労力を要するような土地であれば、国庫帰属の対象とならない可能性があるのです。

そもそも最初から首尾よく要件を満たしている土地は、そう簡単にあるものではありません。まして条件がよい土地であれば、流通性や市場価値も高く、仮に相続人が継続して所有する意思がなければ、売却できるはずです。

この厳格な国庫帰属の要件を満たそうとすれば、建物の解体費用、境界の確定にかかる費用など思わぬコストがかかってしまう恐れがあります。

審査手数料と管理費用の負担

必要となるお金は、条件を満たすための費用だけではありません。承認申請にあたっては、審査手数料を納めなければなりません。承認申請のあった土地については、国庫帰属の対象となる条件を満たしているかなどを調査するため、法務大臣指定の職員が実地調査をすることになります。その費用についての負担が一部申請者に求められるのです。なお、具体的な手数料については、今後法務省令で定めるとしています。

そして、実地調査等により要件が認められ国庫帰属が承認されると、申請者には10年分の土地管理費相当額の負担金の納付が求められます。具体的な金額として法務省の資料によれば、現状の国有地の標準的な管理費用（10年分）は、粗放的な管理で足りる原野だと約20万円、市街地宅地（200㎡）だと約80万円とされています。この金額はあくまで参考ですので、詳細は今後政令で規定するとしています（29ページ参照）。

そして、承認申請者がこの負担金を納付したときに、その土地の所有権は国庫に帰属することになります。

安易にはできない国庫帰属

このように、不要となった土地を手放したいと思っても、容易にいかないことがわかります。

厳格な要件となった背景としては、安易に国庫帰属できるとなると、所有者が土地を管理しなくなるモラルハザードを招きかねないと危惧されたからです。国庫帰属が承認されれば、それ以降の土地所有に伴う義務や責任は基本的に国が負担することになります。そのことは国民負担を意味するものであり、慎重に対応せざるを得ないとされたのです。

いずれにしても、相続で不要になった土地を手放す制度が新たに整備されたこと自体は画期的なことです。運用が開始された際には、その詳細を注視する必要があります。

第2章

相続登記の義務化に備える

1 不動産登記法の見直し

不動産登記法改正の目的

これまで述べてきたとおり今回の法改正のきっかけは、所有者不明土地の増加にあります。現在の**土地所有者が判明しない**、あるいは、**連絡がつかない**といった事態をこれ以上放置できない状況となっています。これにより、有益な土地利用が阻害され、社会・経済活動に影響を与えるだけでなく、災害復興に大きな支障をきたしていたのです。

そのため、法改正の議論の場となった法務省の法制審議会では、大きく以下２つの視点で協議がなされてきました。

① 所有者不明土地の発生を予防

② 所有者不明土地を円滑かつ適正に利用

次世代にこれ以上問題を先送りしないよう、不動産登記法は①の観点から、民法は②の観点から今回の法改正が進められたのです。ここでは、①にあたる不動産登記法の改正について見ていきましょう。

所有者不明土地の「発生を予防」

これまで、土地の所有者に相続が発生しても、その名義を変えるかどうかは不動産登記法上、当事者の任意とされてきました。地価が上がっている社会情勢であれば、資産の保全という点からも名義変更を行うべくインセンティブが働いていた時代もあります。

しかし、近年は“**負動産**”という言葉があるように、不動産に対する関心そ

所有者不明土地の発生を予防するための仕組み

不動産情報の更新を図る方策

相続登記の申請の義務化等

問題点

- 相続登記の申請は義務ではない
- 土地の価値が低いと、相続登記をしようと思わない

改善策

✓相続登記の申請を義務付ける
✓簡易な申出による報告的な相続人申告登記の新設
✓被相続人名義の不動産の目録を証明する制度の新設
✓住所変更等の登記の申請を義務付ける

その他の見直し事項

✓海外に居住する所有者に関して、国内の連絡先の登記
✓登記簿の附属書類（戸籍謄本、遺言書等）の閲覧基準の合理化

所有者不明土地の発生を抑制する方策

土地所有権の放棄

問題点

- 少子高齢化に伴い土地を手放したい人が増加
- 土地所有権を放棄できるかどうか現行法で明らかでない

改善策

✓一定の要件の下で土地を国に帰属させる制度の新設

遺産分割の期間制限

問題点

- 現行法上は遺産分割に期間制限がなく、遺産共有状態のまま次の相続が発生するケースもあり、相続分の算定や権利関係が複雑化
- 遺産分割がされないために相続登記も進まない

改善策

✓遺産分割協議に10年間という期限を設定

出典：民法・不動産登記法（所有者不明土地関係）等の改正について（法務省）より作成

のものが薄れてきています。そのため、「相続人同士での話し合いが面倒」「手続きに費用がかかる」などとして、不動産登記の名義がそのまま変更されなかったのです。

このままでは、所有者不明土地の増加に歯止めがかからない、ということで、国の政策として対応すべく、“所有者不明土地の発生を予防”するための次のような具体策（不動産情報の更新を図る方策及び所有者不明土地の発生を抑制する方策）が掲げられました。

- **相続登記の義務化**
- **登記所が死亡情報を入手するための仕組みを整備**
- **土地の放棄を可能とする制度の創設**
- **遺産分割に期間制限を設ける**

このように規定され、その効果が期待されています。

所有者不明土地を「円滑かつ適正に利用」

しかしながら、前述の所有者不明土地の発生を予防するだけでは、不動産が放置されてしまう現状を変えることはできません。また、日本は災害大国でもあります。今後いつ起こるかわからない災害に備え、復興を支える仕組みを整えておく必要があります。

そこで、所有者不明土地の発生を予防する対策と並行して、“所有者不明土地を円滑かつ適正に利用”するための法改正が民法においてなされました。

不動産登記は、民法上の権利に基づき手続きを行います。不動産登記を理解するにあたっては、民法と不動産登記法の両方を知ることが重要です。

所有者不明土地の発生予防と適正かつ円滑な利用という、いわば国土を守り維持する観点から議論が行われてきた経緯を押さえることが今回の改正法を読み解くポイントとなります。

2

相続登記の未了は許されない

任意とされてきた相続登記

今回の不動産登記法の改正の中で、最も私たちに影響が大きいものの1つが相続登記の義務化だとされています。所有者不明土地の発生を予防するための手段として、一貫してその導入が話し合われてきました。

これまで、私的自治の観点から、登記をするかしないかは当事者の任意とされてきたことはすでに述べたところです。極端な話、お金を出して不動産を買ったとしても、登記をしなくてもそれはそれで当事者の自由な判断となります。もっとも、土地を買って登記をしておらず、第三者が先に登記した場合には、その第三者に対抗できないという民法上の決まり（登記の対抗力）があります（次ページ図参照）。そのため、売買により不動産を取得した場合には、お金を払っているので登記をして自分の権利を守ろうとするインセンティブが大きく働くことになります。

一方、相続においては、相続した不動産の売却の予定がなければ相続登記の必要性が感じられないと一部でささやかれてきました。そもそも自己の法定相続分については登記をしなくても対抗力が認められるため、早急に相続登記を行う動機がないという側面があります。手間と費用をかけて相続登記を行う動機付けが、登記を促進するにあたりネックとなっていました。

改正法施行後は公法上の義務が発生

しかし、土地の登記名義人に相続が発生した場合、改正法施行後は、期限内に次の名義人となる人を決めて申請する必要があります。改正により、相続登記が義務となるからです。つまり、“いつまでに相続登記をしないといけないという決まりはない”という従来の主張は通用しなくなるのです。

登記に現状を反映させるための公法上の義務が私たち国民に課されたわけで、これからは、土地所有権の在り方そのものが変わると考えたほうがよいでしょう。

義務化に伴う負担軽減の方策

もっとも、国民だけに負担を強いるのは、国民感情からすれば納得できるものではありません。相続登記を行うにあたっては時間だけではなく、登録免許税といった費用もかかります。いくら義務とされたところで、相続人同士ですぐに話し合いができないケースがなくなるわけではありません。

そこで、今回の改正では、当事者の手続き面での負担を軽減するための方策として、49ページで詳しく説明する「相続人申告登記」という新しい制度が導入されます。同様に、これまで共同で申請するとされていた登記手続きの一部が単独で申請できるようになるなど、登記手続きの簡略化も図られています。

相続登記の際に発生する登録免許税の負担軽減策については、本書執筆時点では報告されていません。しかし、税制面からのアプローチも今後十分考えられますので、その動向を注視する必要があります。

登記の対抗力

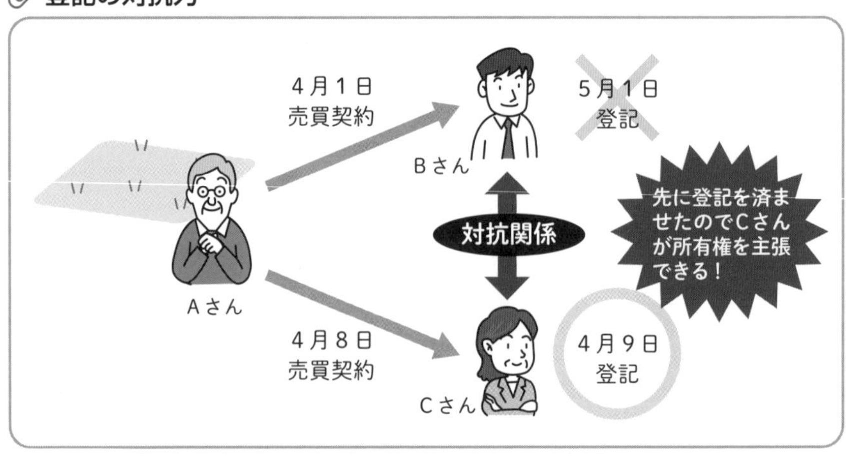

3 誰がいつまでに登記申請義務を負うのか

期限は相続開始後３年以内

改正不動産登記法の条文では、不動産の所有権の登記名義人が亡くなった場合について、次のような規定が設けられました。

第76条の２「相続により所有権を取得した者は、自己のために相続の開始があったことを知り、かつ、当該所有権を取得したことを知った日から３年以内に、所有権の移転の登記を申請しなければならない」

ここでまず重要なことは、相続登記義務を履行すべき期間が３年以内と明確に規定されたことです。改正に向けた議論の段階では、５年、７年、10年などの案も上がりましたが、最終的に「**３年**」に決まりました。

申請義務を負うのは誰？

では、誰が相続開始から３年以内に申請義務を負うのでしょうか。

今回の改正では、不動産登記における**相続登記が義務化**となっています。したがって、売買や贈与により不動産を取得した方は対象外であり、亡くなった不動産名義人の相続人が基本的に申請義務を負うことになるのです（相続人の範囲については99ページを参照してください）。

では、亡くなった方が相続人以外の第三者などに遺言で不動産を渡すとした場合（遺贈）には、どうなるのでしょうか。この場合には、相続人には申請義務は課されません。というのも、第三者への遺贈だと、不動産の権利は第三者に引き継がれ、登記名義も相続人ではなく第三者名義になるからです。ただし、遺贈の相手が第三者ではなく相続人の場合は、その相続人に相続登記の義務が発生します。相続人が家庭裁判所に対し、相続放棄の申述をして認められた場合には、その相続人は相続登記申請義務の対象から外れることになります（相続放棄については、85ページをご参照ください）。

相続の開始と所有権を取得したことの認識

相続登記の義務化とはいえ、登記名義人死亡から３年経って相続登記をしていなければ一律に義務違反となるわけではありません。あくまで、主観的要件が盛り込まれています。

条文でも明らかなように、相続人が「自己のために相続の開始があったことを知り」と履行義務発生の１つ目の基準が設けられています。所有権登記名義人が亡くなったことを自ら知ったことが当然のことながら前提となります。

加えて、死亡を知ったことの他にも、「所有権を取得したことを知ったことを知り」とあります。例えば、遺産としては預貯金しかないと思っていたが、遺産整理をするうちに山林があることがわかった場合などは、山林を所有していると認識した段階が３年以内という期限の始まりとなるのです。

したがって、亡くなったことを知らされていなかったり、遺産の中に不動産があることを知らなかった段階では、３年以内という履行義務がすぐに発生するわけではないことは把握しておきたいところです。

既発生の相続についても対象に

今回の改正法が施行される前に発生した相続についての取り扱いについて、法務省の説明では、自己のために相続の開始があったことを知り、かつ、所有権を取得したことを知った日、または、改正法の施行日のいずれか遅い日から３年以内に、所有権の移転の登記をしなければならない、とされています。つまり、抜本的な所有者不明土地問題を解決するためすでに発生した相続についても対象となるとされたのです。

したがって、改正法施行前は義務ではなかったため、相続登記をしていなかった方も、施行後３年以内に手続きをする必要があります。

もっとも、明治や大正に起きた相続のように、かなり複雑化しているものもあり、そのようなものまで直ちに義務が課されることはないものと思われます。

相続登記の義務化による変更点

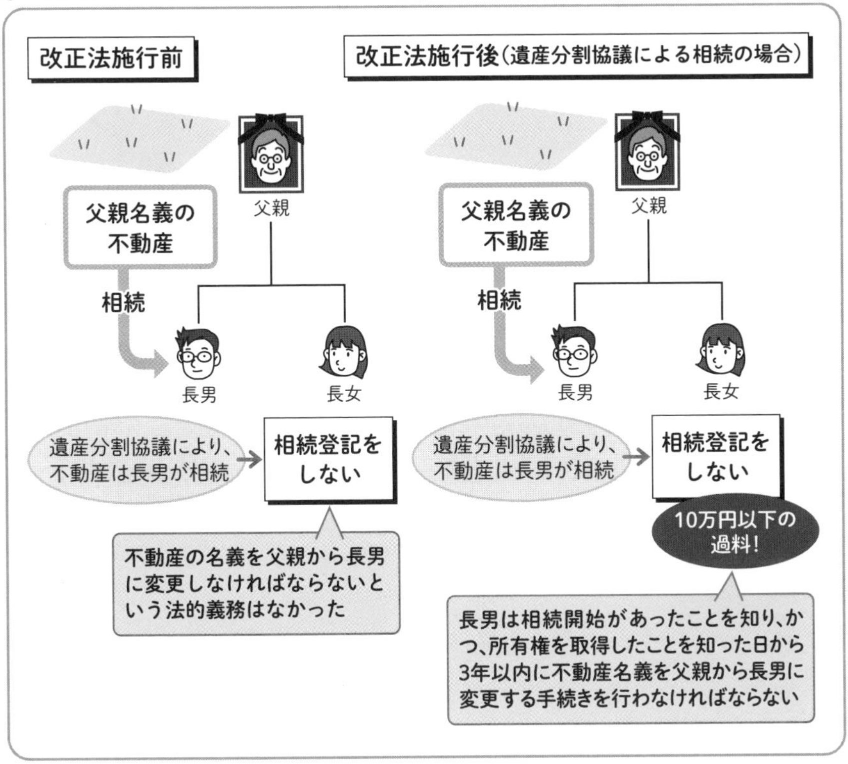

改正法施行前
父親名義の不動産
父親
相続
長男
長女
遺産分割協議により、不動産は長男が相続
相続登記をしない
不動産の名義を父親から長男に変更しなければならないという法的義務はなかった
改正法施行後（遺産分割協議による相続の場合）
父親名義の不動産
父親
相続
長男
長女
遺産分割協議により、不動産は長男が相続
相続登記をしない
10万円以下の過料！
長男は相続開始があったことを知り、かつ、所有権を取得したことを知った日から3年以内に不動産名義を父親から長男に変更する手続きを行わなければならない

すでに発生した相続の登記期限

改正法施行日（2024年予定）
相続があったことを知り、所有権を取得したことを知った日
3年以内に登記申請がない場合、10万円以下の過料
3年
未登記
3年
亡くなったことを知らされていなかったり、遺産の中に不動産があることを知らなかった時点では3年以内という履行義務が発生しない

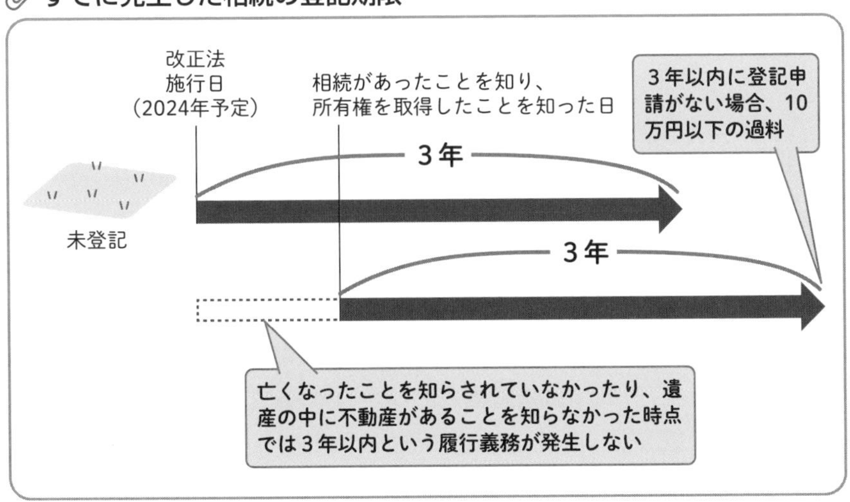

4 登記義務を履行しないとどうなる？

義務が果たされなかった場合は10万円以下の過料

改正法施行後に、相続開始後３年以内に登記義務を履行しないとどうなるのか、気になるところです。この点に関しても、改正不動産登記法の第164条において「申請をすべき義務がある者が正当な理由がないのにその申請を怠ったときは、10万円以下の過料に処する」と定められました。つまり、改正法施行後に相続登記を行わない場合は、**過料の対象**となることが新たに規定されたのです。

この条文だけ見ると、相続開始後３年以内に相続登記をしていない場合にすぐに過料に処されるのではと思われる方もいるかもしれません。

しかし、条文にもあるように“**正当な理由**”がある場合は、過料の対象外となります。“正当な理由”については、改正法の施行に合わせ今後、具体的に法務省から示されていくものと思われます。

また、過料というのは**裁判所**から発せられます。不動産登記を執り行う法務局からどのように過料の対象を裁判所に通知するかについても、今後法務省令等に所要の規定を設けるとされています。したがって、過料の通知については、その基準や手続きを明確にした上で適切に運用されることが今後求められます。

義務そして過料の対象となる登記手続き

過料の対象となる登記について、登記の内容から説明していきます。

相続登記は、正式には**相続を原因とする所有権移転登記**といいます。不動産の登記名義人が亡くなった場合に、その相続人に不動産の権利を移していきます。法定相続分であったり、遺産分割協議書に基づく登記がこれに該当し、相

過料の対象となる登記一覧

登記の種類	期限	過料
相続登記	取得を知ってから ３年以内に申請	10万円以下
氏名・住所変更登記	変更があった日から ２年以内に申請	５万円以下
新築登記	取得の日から １か月以内に申請	10万円以下

続人が単独で申請を行います。具体的な手続き方法については、第５章で説明します。

法定相続分や遺産分割協議書以外のものとしては、特定財産承継遺言によるものがあります。特定財産承継遺言とは、不動産を特定し相続人の１人または数人に承継させる旨の遺言のことです。つまり、遺言で指定された相続人が登記申請を行っていくことになります。

遺贈の場合は、遺贈を原因とする所有権移転登記となります。前項で述べたとおり相続人が対象の場合は、義務となります。

氏名・住所変更登記については、46ページで解説します。

改正以前から過料の対象となっている登記がある

今回の改正で相続登記の義務化、そして、本項で述べた“過料”が注目されています。

しかし、実は今回の改正前から申請義務が課せられている登記もあるのです。それが、建物の新築や増築などをした場合の不動産の表題部に関する登記です。例えば、建物を新築した際には、１か月以内に登記をしなければならないとされています。そして、違反すると10万円以下の過料に処されるとの規定が現行法にあります。しかしながら、表題登記を怠ったケースで実際に過料が科されたという話は聞いたことがありません。

単純に比較はできませんが、今回の改正でどこまで所有者不明土地問題の解決に役立つのかについては、国や行政の本気度が試されています。

5 義務を履行するための手続き

遺産分割協議による相続登記

さて、ここからは、相続登記の申請義務を履行するための実際の手続きについて解説していきます。義務になるからといって慌てる必要はありません。これまでの制度と新たな制度（新設の相続人申告登記については49ページで解説）とを比較検討しながら、手続きを進めていきましょう。

まずは、最も一般的なものとして、相続人同士で話し合い、誰が不動産を承継するのかを決める方法です。この話し合いが遺産分割協議といわれるものです。遺産分割協議は相続人全員で行います。

相続人同士で話し合いがまとまれば、協議の結果を踏まえた遺産分割協議書を作成し、各自が署名押印を行います。

この遺産分割協議書をもって手続きを行う登記が、遺産分割協議による相続登記です。この登記を、相続開始後（相続の開始と不動産の取得を知った日）から３年以内に行えば、義務を履行したことになります。

法定相続分での相続登記

話し合いがスムーズにまとまればよいのですが、思ったようにはいかないのが相続。相続人同士でもめていたり、相続人の１人とすぐに連絡が取れないことなどは珍しいことではありません。

そこで、遺産分割協議の成立がすぐに期待できないときには、ひとまず法定相続分で登記を行うことができます。法定相続分とはそれぞれの相続人に認められる相続持分であり、その持分のまま登記名義を入れます。何らかの事情で遺産分割協議ができない場合に、法定相続分で登記しておくのです。法定相続分での相続登記も義務履行となりますので、選択肢の1つとなります。

法定相続の後に遺産分割協議が成立した場合の注意点

ただ、法定相続分で相続登記を行った場合には、注意が必要です。そもそも法定相続分で相続登記を行うことにより、不動産は相続人全員による共有状態となります。そして、相続人の数が多いほど、その分共有者が増えることを意味します。まして、共有者の1人にまた相続が発生すると、さらに複雑になってしまいます。そのため、法定相続分で相続登記を行った後、相続人同士で遺産分割協議を行うことが望ましいといえます。

仮に遺産分割協議が成立し、相続人の中の1人が単独で取得することになったとします。この場合は、法定相続分の登記を遺産分割の内容に合わせたものに修正する必要があります。

ここからが、従来からの変更点となります。これまでは、相続人間で持分を移す"**持分移転登記**"を"共同(持分が増える相続人と持分が減る相続人の双方から申請)"で行っていました。つまり、持分が無くなる、あるいは、持分が減る相続人の協力が必要でした。

しかし、今回の法改正により、持分が増えた相続人が"**更正登記**"を"**単独**"で行うことができるように**手続きが簡略化**されます。

更正登記は遺産分割の日から3年以内に

いったん法定相続分による相続登記を行った後、遺産分割協議が成立し"更正"の登記を行う。この二段階の方法を取る場合に気をつけておくべきことがあります。それは、遺産分割によって法定相続分より持分が増えた相続人は、遺産分割の日から**3年以内に更正登記を申請しなければならない**、とされている点です。

遺産分割により権利関係が変わった場合にも、できるだけ早く登記にそのことを反映させるという法改正の目的が反映されています。

6

氏名または名称及び住所の変更についての登記も義務化

登記名義人と連絡が取れないことによる所有者不明土地

所有者不明土地問題の原因の１つとして、登記名義人が亡くなっても登記簿に反映されていないことが挙げられてきました。そのため、相続登記を義務化し、実態を登記に反映させるのが改正の経緯であることは、先に述べたとおりです。

しかしながら、相続登記に強制力を持たせただけでは、登記を常に最新の情報にしておくことはできません。というのも、登記には個人であれば住所と氏名、法人であれば本店所在地と商号が登記されるからです。

つまり、氏名などが変わってもその変更をしなければ、古い情報のまま登記が維持されることになります。そのことが、登記名義人と連絡が取れない、人物の特定ができない、といった所有者不明土地発生の要因となっていたのです。

氏名・住所変更登記も義務化へ

そこで、今回の改正で所有権の登記名義人に氏名または名称及び住所に変更があった場合にその申請が義務付けられました。相続登記の義務化に加え、氏名・住所変更登記についても義務となったのです。

相続登記の義務を履行すべき期間は３年以内だとお伝えしましたが、氏名・住所変更登記については、それより短い２年以内となっています。

また、期間内に義務を履行しなかった場合、過料の対象となります。相続登記が10万円以下だったのに対し、５万円以下とされています。

住所変更未登記への対応

現状

▶住所変更登記は義務ではない。

▶自然人・法人を問わず、転居・本店移転等のたびに登記するのには負担を感じ、放置されがちである。

※都市部では所有者不明土地の主な原因との調査結果もある

改正法施行後

○住所等の変更登記の申請を義務付ける（２年以内に申請しなかった場合、５万円以下の過料）

○他の公的機関から取得した情報に基づき、登記官が職権的に変更登記をする新たな方策も導入する

⇒転居等に伴う住所等の変更が簡便な手続きで登記に反映される

登記官も登記名義人の情報を取れるように整備

氏名・住所変更登記についても義務となったわけですが、転勤が多いといった事情等で住所を頻繁に移す方もいます。当然、その分負担が大きくなることが予想されます。

そもそも、法務局が住民基本台帳ネットワークと完全に連動していれば、このようなことは考えなくてよいはずです。市区町村窓口で変更届けを出すことで、他の役所関係の住所登録も自動的に変更されれば、国民負担は減ります。

しかしながら、そこまで統合化できていないのが現状です。

そのため今後は、登記官が住民基本台帳ネットワークシステムに定期的に照会を行うなどし、登記名義人の氏名または名称及び住所の情報提供を受けるよう整備が進められます。

そして、登記官が氏名または名称及び住所の変更を把握できた際は、職権で変更の登記ができるとされました。ただし、本人の同意を得るなどの個人情報への配慮が必要となることはいうまでもありません。

検索用情報として生年月日の提供が必須に

改正法施行後は、登記官自ら登記名義人の氏名に変更があったことなどを積極的に調査し、登記を変更することが望まれます。ここで、「登記には名義人の住所や氏名しか載らないのにどうやって住民基本台帳ネットワークシステムと照合できるのか？」と思われた読者もいらっしゃるのではないでしょうか。同姓同名の場合もあるのではないかと……。

その指摘は的を射ており、法務局が把握する従来の情報では限界があります。そこで、法務局は氏名及び住所に加え、新たな情報を改正法施行に合わせ管理することになります。それが、**生年月日（検索用情報）**です。

改正不動産登記法施行後は、新たに登記名義人となる方は、検索用情報を必ず提供することになります。ただし、個人情報に関わることなので、検索用情報は内部情報となり登記に直接公示されることはありません。

登記制度の信頼性を保ちながら国民の理解・協力を得るために、法務局はこれまで以上に慎重な情報管理が求められることになります。

各登記における必要書類

	遺産分割による登記	法定相続分での登記	相続人申告登記（注）
被相続人に関する書類	・被相続人の出生から死亡までの連続した戸籍 ・被相続人の住民票の除票	・被相続人の出生から死亡までの連続した戸籍 ・被相続人の住民票の除票	・被相続人の住民票の除票 ・被相続人の死亡がわかる戸籍
相続人に関する書類	・相続人全員の現在の戸籍謄本 ・遺産分割協議の結果、相続する人の住民票 ・遺産分割協議書 ・相続人全員の印鑑証明書	・相続人全員の現在の戸籍謄本 ・相続人全員の住民票	・相続人（申出人）の戸籍 ・相続人（申出人）の住民票 相続人全員の書類は不要で、申出人の書類のみが求められると予想される
その他の書類	・固定資産評価証明書	・固定資産評価証明書	

注「相続人申告登記」の必要書類は現時点では未確定のため、想定されるものを記載しました。手数料の有無もまだ決まっていませんが、「国民に相続登記を義務付ける以上は当事者の手続き的な負担をできるだけ軽減させる方策も同時に講ずるべき」と政府は考えているため、手数料がかかったとしても低額になることが予想されます

7 新たな登記「相続人申告登記制度」

新設された「申出」による登記

今回の法改正により、これまでになかった登記が新設されました。それが、「相続人申告登記」と呼ばれる制度です。

この登記ですが、条文では「相続人は、登記官に対し、所有権の登記名義人について相続が開始した旨及び自らが当該所有権の登記名義人の相続人である旨を申し出ることができる」とされています。

条文の内容からもわかるように、登記名義人に相続が発生した旨を相続人が“申し出る”ものです。この“申し出る”というのが、ポイントです。通常登記手続きでは、“申請”という形を取ります。申請書を作成し、それに合わせ添付書類を提出します。

これに対し、相続人申告登記は“申し出る”ことにより登記を行うことができるとされています。したがって、相続人申告登記は相続人の“申出”を受けて登記官が“職権”でする“報告的な登記”と位置付けられています。

その不動産の権利関係を確定させるわけではありませんが、相続人の一人であるということが登記されます。

相続人申告登記は義務を履行しやすくするための方法

相続人申告登記を利用すると、相続登記の義務を履行したものとみなされます。つまり、遺産分割による相続登記、法定相続分での相続登記と同様に、相続登記義務の履行効果が認められます。例えば、遺産分割協議がまとまらず相続登記をできない場合にこの制度を利用し、相続人であることを申し出れば、相続登記をする義務を果たしたことになります。

遺産分割や法定相続による相続登記では、亡くなった方の戸籍を出生から遡って取得し、他の必要書類とともに提出する必要があります。特に遺産分割協議により登記を行うには、相続人全員の印鑑証明書を揃えなければならず、一朝一夕にできるものではありません。

この点、相続人申告登記はあくまで簡易な報告的登記（不動産の現況に変更が生じたときに報告的に行う登記）です。したがって、提出する書類は、名義人（亡くなった方）と申出人（相続人）の相続関係がわかる戸籍などわずかな書類で登記が可能です。さらに、相続人の１人から申出を行うこともできます。

あくまでも「付記登記」であることに注意

提出する書類の簡略化にとどまらず、登記の内容についても特徴があります。

申出を受けた登記官は、職権で相続開始の旨、そして、申出をした相続人の住所・氏名を登記することとされています。相続人申告登記の登記形式は「付記登記（主登記に付け加えられた登記）」で、通常の相続による所有権移転登記とは異なり権利は移っていません。

また、法定相続分による登記とは違いますので、相続人の持分は記載されません。

したがって、所有権移転登記に至っていない段階とみなされるので、不動産を売却することはできません。あくまで過渡的かつ一時的な登記という位置付けになることは知っておきたいところです。

国民の負担を軽減し、相続登記の義務化の実効性を確保するための方策として、このような登記が創設された背景があります。

その後に遺産分割協議が成立したら

相続人申告登記が行われた後に、遺産分割協議が成立することが考えられます。そうすると今度は、遺産分割協議に基づいて相続登記を行うことになります。

この場合、条文において「相続人申告登記の申出をした者は、その後の遺産の分割によって所有権を取得したときは、当該遺産の分割の日から３年以内に、

登記の手続き的な負担（資料収集等）を軽減

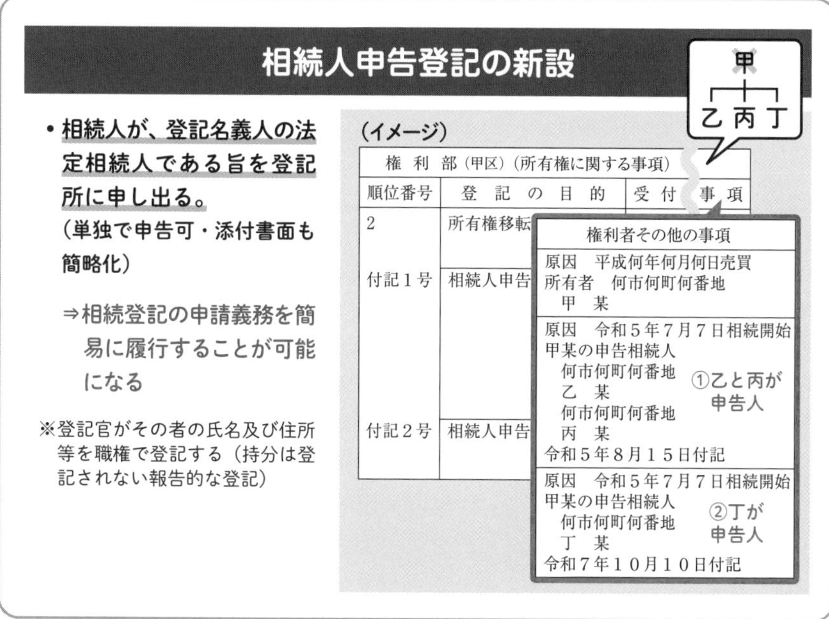

出典：所有者不明土地の解消に向けた民事基本法制の見直し 資料1-1（法務省）より作成

所有権の移転の登記を申請しなければならない」と規定されています。

やはりここでも、法定相続分での相続登記のときと同じように、二段階で申請義務が発生することになります。

そのため、甲某の相続人である乙某と丙某が申出を行うと、上図のように付記１号で登記されます。

その後に申出を行った相続人、丁某についても付記２に登記されています。

前述したように相続人申告登記は、付記登記でなされます。

登記は、原則として主登記の形式によってなされます。この図において、甲某が売買でこの不動産を取得した際には、順位番号２番で主登記として登記が行われています。

付記登記は、法律が特に認めた場合に例外的になされる登記の形式であり、相続人申告登記は、改正不動産登記法により付記登記とされています。

8 不動産登記法のその他の改正点

所有不動産記録証明制度の創設

今回の改正で新たに制度化されるものの１つに、「所有不動産記録証明制度」というものがあります。これは、自分の所有するすべての不動産について一覧図として証明してもらう制度です。

そもそも、不動産登記制度では、法務局がエリアを分けて不動産を管轄しています。そのため、どこの法務局に自分は不動産登記の名義人として登記されているのか、必ずしも把握できていません。

まして相続ともなれば、相続人が亡くなった方の不動産を完全に把握しきれないことも珍しくなく、一部の不動産を見落としたまま相続登記が進められる恐れがあります。

そこで今回、所有不動産記録証明制度を創設し、改正法施行後は、自分が所有権の登記名義人として記録されている不動産を網羅した形での証明書を請求できるようになります。そして、相続人もこの証明書の請求権者とされているので、相続登記の場面で活用が期待されています。

登記義務者の所在が知れない場合の抹消手続きの簡略化

所有者不明土地問題において課題になっているのは、所有者が変更されていないことだけにとどまりません。

実は地上権、永小作権、賃借権、採石権といった権利がかなり昔に設定され、現在は利用されていないにもかかわらず、登記簿上に残ったままとなっていることがあります。当事者を調べようにもかなり時間が経過しているため確かめるすべがなく、抹消登記ができない事態となっているのです。このままでは、それらの権利がまだ残っているものとして、土地の利用に制約がかかってしまいかねません。

そこで、これらの登記の存続期間がすでに満了している場合に、法務省令で定める方法により調査を行ってもなお登記義務者（地上権者など）の所在が知れないときは、登記義務者の所在が知れないものとみなされるようになります。

すなわち、不動産登記法第70条第１項及び第２項に規定する公示催告及び除権決定という手続きを利用することにより、登記権利者（所有権登記名義人）が単独で抹消登記をできるようになります。

同様に、買戻し特約（不動産の売買契約と同時に結んでおくと、売主が買主に対して売買代金等を返すことにより、売買契約を解除して所有権を取り戻せる特約）の登記において、売買契約の日から10年を経過しているときには、所有者が単独で買戻しの特約の登記の抹消を申請することができるようになります。

解散した法人の担保権に関する登記の抹消手続きの簡略化

不動産登記の権利関係を整理できない原因の１つとして、法人が抵当権者となっている場合があります。例えば、すでにその法人に実体がなく、関係者を探そうにも手がかりがない場合は、土地活用に支障をきたします。

そこで、法人を権利者として先取特権、質権、抵当権が設定されている登記について、次のような規定が設けられました。

具体的には、不動産登記法第72条の２に、相当な調査が尽くされたと認められるものとして法務省令で定める方法により調査を行ってもなお当該法人の清算人の所在が知れない場合において、被担保債権の弁済期から30年を経過し、かつ、当該法人が解散した日から30年を経過したときは、登記権利者（所有権登記名義人）は、単独でそれらの権利に関する登記の抹消を申請することができると定められています。

つまり、条件を満たすことにより、時間と労力がかかる裁判手続きを経ずに古い法人の担保権を消すことができるように規定が改められました。

外国に住所を有する登記名義人の所在把握

海外在住の日本人や外国人が不動産の名義人となっている場合、往々にして最新の氏名や住所が日本の登記に反映されていないことがあります。また、登記名義人が亡くなってもそのままとなっていて、相続人を把握できないことがあります。

このように、登記名義人あるいはその相続人との連絡先を確保することが喫緊の課題となっています。

そのため改正法施行後は、所有権の登記名義人が国内に住所を有さないときは、その国内における連絡先となる者の氏名または名称及び住所その他の国内における連絡先に関する事項として法務省で定めるものが新たな登記事項となります。

外国に居住する登記名義人への対応

現状

▶外国居住者については、個人の特定が困難になるケースや連絡をとることが困難になるケースが少なくない。

▶外国に居住する外国人については、その本人確認書類としてどのような書面が必要であるか、その正確性がどの程度のものであるかが、必ずしも明確ではないとの指摘がある。

○所有権の登記名義人となっている外国居住者につき、国内の連絡先を登記に記載

⇒連絡先把握が容易になる

○添付書類として、少なくとも、外国政府等が発行した身分証明書が添付された公証人等作成の宣誓供述書の提出を求める（この点は実務運用で対応）

⇒実在確認が容易になる

出典：所有者不明土地の解消に向けた民事基本法制の見直し 資料1-1（法務省）より作成

第3章

ここまで進んだ
不動産登記のオンライン化

1 法務局の縦割り行政を越えたオンライン化

オンライン化でつながる法務局

不動産登記は、ご承知のとおり“登記所”がその事務を行っています。しかしながら、“登記所”という行政機関はありません。

正確には、**法務局**という法務省所属の地方行政組織が、民事行政事務の１つとして登記に関する行政事務を取り扱っています。

その法務局ですが、全国を８ブロックの地域に分け、42の地方法務局が設置されています。そこからさらに出先機関として、支局や出張所という形で各地に置かれています。

不動産の所在地ごとにその管轄法務局が決まっています。管轄というだけあって、一昔前までは不動産の情報を知ろうと思えば、管轄法務局まで出向き、登記簿の写しを発行してもらう方法しかはありませんでした。

しかし、現在は違います。最寄りの法務局から管轄外の登記事項証明書でも取得できるようになっています。つまり、管轄を維持しつつも、すべての法務局はオンラインでつながっているのです。

不動産登記のオンライン申請が可能に

登記の申請についても、オンラインで行えるように整備が進められました。2003（平成15）年までの登記申請は書面申請に限られ、原則として申請を行う際は法務局へ出向いて申請書を提出する“出頭主義”でした。

しかし、政府のIT基本戦略あるいはe-Japan構想のもと、2004（平成16）年に不動産登記法の大改正が行われた際に、**“出頭主義”が廃止**され、オンライン申請が可能となりました。これにより、管轄法務局へ出向くことなく、全国

オンラインでできる不動産登記関係の手続き

手続き名	かんたん証明書請求	申請用総合ソフト
不動産登記の申請	×	○
登記識別情報に関する証明請求	×	○
登記識別情報の失効の申出	×	○
登記識別情報通知・未失効照会	×	○
登記事項証明書等の交付請求*	○	○

*証明書を必要としない登記内容等の確認であれば、登記情報提供サービスをご利用できます（動産譲渡登記、債権譲渡登記にかかる登記事項証明書及び登記事項概要証明書にかかる内容を除く）

かんたん証明書請求

パソコンの環境設定が不要で、登記・供託オンライン申請システムが取り扱う手続きのうち電子署名（デジタル署名）の付与やファイルの添付が不要、かつ電子公文書の発行を伴わない登記事項証明書の交付請求等の手続きを対象としてWebブラウザのみで利用できる請求方法

申請用総合ソフト

申請書作成から電子署名の付与、送信、電子公文書の取得、データ管理のすべての操作を行うことができ、登記・供託オンライン申請システムで取り扱う手続きのすべてを行うことができるソフトウェア

の不動産登記に関する手続きを行えるように大きく変わったのです。

登記・供託オンライン申請システムには、「かんたん証明書請求」と「申請用総合ソフト」の2つがあります。「かんたん証明書請求」はブラウザのみで証明書を請求することができ、初めての方でも利用しやすい画面表示となっていますが、行える手続きは限られます。一方、「申請用総合ソフト」はソフトウェアのダウンロードが必要ですが、さまざまな手続きが行えます（上図参照）。

どちらも申請者情報登録が必要で、これにより取得した申請者IDは、「かんたん証明書請求」と「申請用総合ソフト」の両方で使用できます。

詳しい使い方は「登記ねっと」のホームページ（https://www.touki-kyoutaku-online.moj.go.jp/toukinet/top.html）でご確認ください。

2 アフターコロナを見据えたDXへの対応

企業の印鑑届出を任意化へ

登記には、不動産登記だけではなく商業・法人登記があります。これまで商業・法人登記の設立登記を行う際には、会社代表者の印鑑を印鑑届書に押印して法務局へ提出するのが必須となっていました。

この点に関し、商業登記規則等の一部が2021（令和３）年２月15日に改正されました。設立登記の申請をオンラインで行う場合には、法務局への印鑑届の提出が任意となりました。企業を中心とした法人の印鑑使用が今後電子署名へと変わることを見据え、法整備が進められています。

法人設立ワンストップサービスの開始

法人設立に関しては、印鑑届の任意化に加え、法人設立ワンストップサービスが2021（令和３）年１月より開始されています。これは、文字通り法人設立の関連手続きをワンストップで行えるオンライン上のシステムです。

法人を設立する際、法人設立完了の証明書である法人の登記事項証明書を法務局から取得して、それを持って税務署、年金事務所、ハローワーク、労働基準監督署などの行政機関に出向いて手続きを行います。つまり、複数の行政機関に個別に設立届を提出するのです。

しかし、法人設立ワンストップサービスを利用することで、一連の手続きを一度で行うことができるようになります。オンライン上で行うことができるため、非対面・非接触にも資することになります。

今後はこのようなシステム構築の動きが加速することが予想されます。というのも、2020（令和２）年７月17日に閣議決定された「成長戦略フォローアップ」で、そのことが謳われているためです。新たに講ずべき具体的施策として、スマート公共サービスの推進が挙がっています。具体的にはデジタル・ガバナンスの推進、地方公共団体のデジタル化の推進、世界で一番企業が活動しやすい国の実現、対面・書面・押印を求める規制・慣行の抜本的な見直し、マイナンバーカードの普及、利活用の促進等です。

ただし、今回の法人設立ワンストップサービスを利用するには、マイナンバーカードが必要となります。DX（デジタルトランスフォーメーション）を進めるには、マイナンバーカードの普及が避けて通れない課題となっています。

金融業界における書面・押印・対面対応の見直し

DXを進めなければならないのは、行政だけではありません。当然のことながら民間ベースにおいても、見直す点は多くあります。

例えば、金融機関は書面、押印、対面での業務が多い業界です。その点を踏まえ、金融庁において、金融分野における手続きの電子化を促し、テレワークを推進する観点から「金融業界における書面・押印・対面の手続きの見直しに向けた検討会」が設置されました。

2020年６月から検討会が開催され、金融業界におけるこれまでの書面・押印・対面手続きの見直しだけでなく、その課題や取組方針について検討が行われ、論点整理が同年12月に公表されています。

不動産業界の動き

不動産業界においても、金融業界同様に書面、押印、対面が多いことが指摘されています。実際、宅地建物取引業法では、媒介契約書と重要事項説明書を書面により交付しなければならない旨が規定されています。

そこで、国土交通省は、「ＩＴを活用した重要事項説明に係る社会実験に関する検証検討会（第７回）」（2021年１月25日開催）の議論を踏まえ、売買取引における重要事項説明書等の書面の電子化にかかる社会実験を新たに開始すると発表しています。また、大手ハウスメーカーでは、契約手続きの電子化を行う動きも出てきています。

3 Web上で自宅や実家の不動産登記情報を取得しよう

登記簿のデジタル化

登記のデジタル化はかなり早い段階から進められてきました。1972（昭和47）年にはすでに、登記事務のコンピュータ処理の検討が開始されています。

その後、紙ベースの登記簿をコンピュータ登記簿のデータ（「登記記録」といいます）へと置き換える"移行作業"が進められました。法務大臣が指定した法務局ごとに随時コンピュータ・システム化による登記事務の運用が開始されました。

2008（平成20）年には、すべての法務局でコンピュータ・システム化が完了しました。これにより、日本全国の登記簿がデータ化し（一部移行に適さない登記簿を除く）、登記記録をコンピュータからプリントアウトして認証したものを登記事項証明書として交付する形へと変貌を遂げたのです。

現在では、書面の申請書を提出することなく不動産の内容を知ることができます。Web上で自宅や実家の不動産登記情報を取得することができるようになっているのです。

登記情報提供サービスを利用しよう

このWeb上で、つまりインターネットで登記の内容を確認できる登記情報提供制度は、「登記情報提供サービス」を利用することになります。現在は、一般財団法人民事法務協会が指定法人として、このサービスの運用にあたっています。

閲覧するには利用料金が発生しますが、窓口での書面請求よりも安く、自宅や会社のパソコン画面上で登記の内容を確認できるので、とても便利です。

個人での利用方法は２つ

個人で利用する場合は、次の２つの方法があります。

① 一時利用

「申込手続」を事前に行わずに、クレジットカードの即時決済によりすぐに利用する方法です。初回ログインから100日間は再ログインできますが、登記情報を請求することができるのは初回ログイン時のみです。２回目以降のログインでは、利用内容が限定されます。試しにやってみたい場合や一時利用のみをお考えの場合は、この方法になります。

② 個人利用

あらかじめ「申込手続」を行い、利用登録をした上で利用する方法です。この方法だと、初回以降も継続して登記情報を確認することができます。「利用者ID」が交付されますので、そのIDと設定したパスワードを入力し、ログインします。申込手続きに約１週間かかりますが、継続利用したい場合はこの方法になります。

利用時間と利用料金

登記情報提供サービスを利用すれば、法務局の窓口業務の時間を気にせずに登記の内容を確認することができます。

利用時間は、午前８時30分から午後９時までです（土曜日、日曜日、祝日及び休日、１月２日及び３日並びに12月29日から12月31日間を除く）。

利用料金の支払い方法は、クレジットカード決済になりますが、費用が低額で済むこともメリットの１つです。登記情報（全部事項）であれば、土地１筆または建物１個につき334円。登記情報（所有者事項）であれば、土地１筆または建物１個につき144円。そして、地図等の情報であれば、土地１筆または建物１個につき364円となっています。

なお、登記情報はPDFファイルで表示され、画面上で確認します。プリントアウトやデータ保存も可能です。

4 オンラインで登記事項証明書を取得しよう

証明書が必要な場合

少し注意が必要なのは、登記情報提供サービスによって取得できる登記情報は、不動産の閲覧情報という取り扱いになり、“証明書”としては利用できない点です。照会番号付きで取得し、プリントアウトし、他の官公署に提出することも可能ですが、事前に手続きを行う官公署に使用可能かどうかの確認が必要です。

“証明書”としての登記簿の写しが必要な際は、従来の登記簿謄本にあたる登記事項証明書（全部事項）を法務局から取得することになります。

登記事項証明書をオンラインで取得する方法

登記事項証明書を取得する方法は、次の３つがあります。

法務局窓口で取得する方法、郵便で申請書を送り郵送で返送してもらう方法、オンライン申請する方法です。

ここでは、オンライン申請で取得する方法について説明します。

オンラインにより取得する場合は、法務省の「登記・供託オンライン申請システム」を利用します。このシステムは、登記事項証明書の取得の他にも、登記申請を行う際に利用することができます（詳しくは、第５章で説明します）。

登記事項証明書を取得するまでの大まかな流れは、次のとおりです。

① 登記・供託オンライン申請システムにアクセス

↓

② 申請者情報を登録

登記事項証明書（不動産登記）の見本

東京都特別区南都町１丁目１０１　全部事項証明書　（土地）

表　題　部　（土地の表示）	調製	余白	不動産番号	００００００００００００００
地図番号	余白	筆界特定	余白	
所　在	特別区南都町一丁目		余白	

① 地　番	②地　目	③　地　積　㎡	原因及びその日付〔登記の日付〕
１０１番	宅地	３００｜００	不詳 〔平成２０年１０月１４日〕
所　有　者	特別区南都町一丁目１番１号　甲　野　太　郎		

権　利　部（甲区）（所有権に関する事項）			
順位番号	登記の目的	受付年月日・受付番号	権利者その他の事項
1	所有権保存	平成２０年１０月１５日 第６３７号	所有者　特別区南都町一丁目１番１号 甲　野　太　郎
2	所有権移転	令和１年５月７日 第８０６号	原因　令和１年５月７日売買 所有者　特別区南都町一丁目５番５号 法　務　五　郎

権　利　部（乙区）（所有権以外の権利に関する事項）			
順位番号	登記の目的	受付年月日・受付番号	権利者その他の事項
1	抵当権設定	令和１年５月７日 第８０７号	原因　令和１年５月７日金銭消費貸借同日設定 債権額　金４，０００万円 利息　年２・６０％（年３６５日日割計算） 損害金　年１４・５％（年３６５日日割計算） 債務者　特別区南都町一丁目５番５号 法　務　五　郎 抵当権者　特別区北都町三丁目３番３号 株　式　会　社　南　北　銀　行 （取扱店　南都支店） 共同担保　目録(あ)第２３４０号

見本

共　同　担　保　目　録			
記号及び番号	(あ)第２３４０号	調製	令和１年５月７日
番　号	担保の目的である権利の表示	順位番号	予　備
1	特別区南都町一丁目　１０１番の土地	1	余白
2	特別区南都町一丁目　１０１番地　家屋番号　１０１番の建物	1	余白

＊　下線のあるものは抹消事項であることを示す。　整理番号　Ｄ１２４４５　（　１／３　）　１／２

＊一般的には「全部事項」が利用されます。
出典：登記事項証明書（不動産登記）の見本（法務省）

↓

③ 請求情報の入力

↓

④ 手数料の電子納付

①から④の一連の入力が完了し、法務局の処理が終われば、登記事項証明書を受け取ることができます。

受け取り方法については、２通り用意されています。１つ目は、請求者が指定した法務局窓口に行き、受け取る方法です。２つ目は、指定した住所に郵送してもらう方法となっています。郵送を選べば、一度も法務局に行かずに登記事項証明書を手に入れることができるのです。

窓口よりも利用時間が長い

オンライン申請の最大のメリットは、時間に縛られることなく登記事項証明書を請求し、取得できる点にあります。日中は仕事で法務局に行けない、混雑を避けたいなど、請求する方のニーズに合わせて取得することができます。

利用時間は、前項の登記情報提供サービスと同じです。平日の午前８時30分から午後９時まで（土日、国民の祝日休日、12月29日から１月３日までの年末年始を除く）となっています。

ただし、法務局での受け取りを希望した場合は、受け取りができる時間は窓口業務に合わせて午前８時30分から午後５時15分までとなっているので、その点は注意が必要です。

窓口よりも手数料が安い

手数料が窓口での請求に比べ割安になるのもメリットといえます。

オンライン請求し、法務局の窓口で受け取る方法を選択した場合、１通480円となります。

一方、オンライン請求して郵送受取りを希望した場合は、１通500円となります。

オンラインで登記事項証明書を取得するメリット

①手数料が安い

100円お得！

法務局の窓口→600円
オンライン請求（郵送で受け取る場合）→500円
オンライン請求（最寄りの法務局等で受け取る場合）→480円

120円お得！

②自宅・職場から請求できる

- 自宅や職場から請求し、郵送で受け取ることが可能なため、窓口等に出向く必要がない
- 手数料はインターネットバンキングで電子納付が可能。収入印紙を用意する必要がない（インターネットバンキングのほか、Pay-easyに対応したATMでも納付することが可能）

③時間に縛られずに手続きできる

窓口は
午後5時15分まで

- 平日の午前８時30分から午後９時まで利用可能
- 急ぎの場合は、オンラインで手続きを行い、窓口で受け取ることで、窓口での待ち時間を短縮できる

▼登記・供託オンラインシステムのお問い合せは下記URLをご参照ください
https://touki-kyoutaku-support.moj.go.jp/welcome.do

窓口で交付請求して取得すると１通600円となります。したがって、請求する登記事項証明書の枚数が多ければ多いほどオンラインによる取得のほうが、コスト削減となります。

郵送で受取りを希望した場合であっても、郵送代を含めて１通500円で済みます。直接手元に届く上に窓口に行くより費用が安いということになります。

ただし、書留、簡易書留、速達を希望する場合は、その分の追加料金が発生します。

5

共同担保目録を請求して効率よく不動産を把握しよう

見落としてはならない道路持分と車庫持分とは？

不動産というと、自宅の土地や家屋を思い浮かべる方が多いかと思います。しかしながら、先入観だけで所有する不動産をとらえていては、他にも不動産があることを見落としかねません。

例えば、戸建て（底地である土地と上物である建物）でよくあるのが、家の前の道路が私道となっているケースです。この場合には近隣者全員で道路となっている土地を共有していることがあります。つまり、自宅の他に**道路持分**を所有しているのです。

戸建てだけではありません。マンションのような区分所有の建物（一棟の建物を部屋ごと分けてそれぞれに所有者がいる建物）についても同じようなことがいえます。マンションなどの場合は、集会場などの共有部分を区分所有者で共有していることがあります。また、**駐車場部分を持分**として所有していることもあります。

このように、主要部分以外にも持分という不動産に対する権利を持っていることがあります。名義変更の手続きを行う際には、持分などを見落とさないよう十分注意する必要があります。

共同担保目録を確認しよう

オンラインにより登記事項証明書を取得する際に、チェックを入れておきたい項目があります。それが、「**共同担保目録**」の箇所です。ここで、「現在事項」を選択しておくと**不動産全体の状況を把握**できます。

共同担保目録とは、融資を受けた際などにどの不動産が担保に入っているの

「かんたん証明書請求」で共同担保目録の記載がある証明書を取得する

①登記・供託オンライン申請システムにアクセス、ログインする（申請者IDを持っていない場合は登録する）

②「証明書請求メニュー」の中から、「登記事項証明書（土地／建物）／地図・図面証明書」を選択する

証明書請求メニュー

請求する証明書を選択してください。又は「処理状況を確認する」ボタンをクリックしてください。

分類	請求する証明書
不動産	登記事項証明書（土地・建物）／地図・図面証明書 申請者操作手引書（不動産　かんたん証明書請求編）はこちら ※地図証明書とは，地図又は地図に準ずる図面（いわゆる公図）の証明書です。 ※図面証明書とは，土地所在図，地積測量図，地役権図面，建物図面及び各階平面図の証明書です。
商業・法人	登記事項証明書（商業・法人） 申請者操作手引書（商業・法人　かんたん証明書請求編）はこちら
動産譲渡	登記事項概要証明書（動産譲渡・登記番号指定検索） 登記事項概要証明書（動産譲渡・当事者指定検索） 登記事項概要証明書（動産譲渡・譲渡人複数指定検索）

③物件情報がわかっている場合は、右の「物件情報を直接入力する」を（わからない場合は、「オンライン物件検索を使う」を）クリックする

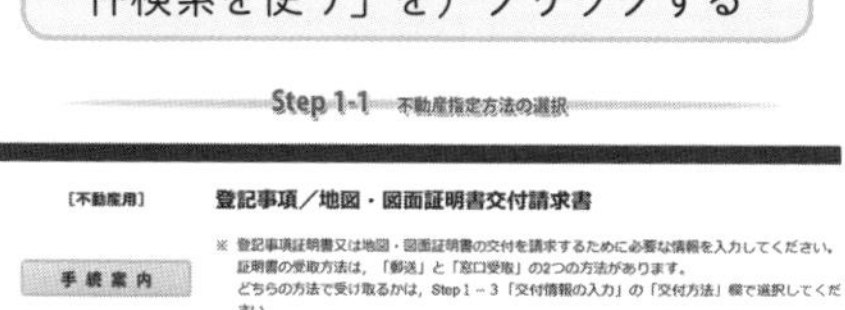

▶ インターネットから，請求する登記所の管轄の物件を検索して 請求物件の情報をこの請求書に取り込むことができます。
（平日8:30～21:00。ただし，システム保守時間帯を除く。）

▶ ボタンをクリックするとオンライン登記情報検索サービス画面が表示されます。

▶ 画面の案内に従い，対象物件を検索します。

▶ 「確定」ボタンをクリックすると，この請求書に物件の情報が取り込まれます。

▶ 物件情報（所在／地番・家屋番号）を直接入力して指定することができます。また，不動産番号を指定することにより，物件を特定することもできます。

物件情報を直接入力して物件を指定し，請求した結果，対象物件が見当たらなかった場合には，「請求された物件はありません。」の旨のエラーメッセージが表示されますので，再度物件を指定し請求してください。所在の表示に外字が含まれる場合には，オンライン物件検索を御利用ください。

④物件情報などの請求情報を入力する

Step 1-2 請求情報の入力

［不動産用］　**登記事項／地図・図面証明書交付請求書**

手続案内　※ オンライン請求の対象や流れ等の詳細を確認される場合は，左の「手続案内」ボタンをクリックしてください。

請求1	不動産の種別	土地
	物件情報	不動産番号（半角入力） 所在（全角入力）（例）東京都千代田区霞が関一丁目 地番／家屋番号（全角入力）（例）1－2－3
	管轄登記所	※ 管轄登記所は左の「登記所選込」ボタンから選択してください。 登記所コード 未設定 登記所名 未設定
	証明書の種類	◉ 登記事項証明書 ○ 地図証明書 ○ 図面証明書
	請求の対象	◉ 全部事項 ○ 現在事項 ○ 閉鎖全部事項
	共同担保目録	除く
	信託目録	除く
	通数	未入力

※ 10件まで一度に請求を行うことができますが，10件を超える場合は，分けて請求してください。

次へ　戻る

⑤「共同担保目録」の欄の「現在事項」を選択する

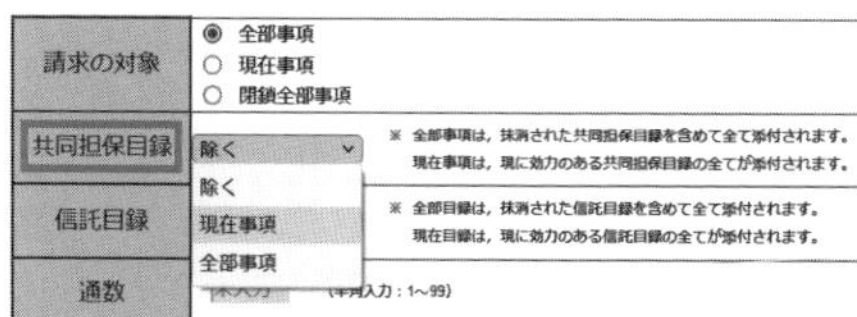

ご請求を行うことができますが，10件を超える場合は，分けて請求してください。

次へ

⑥納付情報を入力し、送信内容を確認し、「送信実行」をクリックしたら、送信完了

請求データを送信します。修正したい場合は，「戻る」ボタンをクリックしてください。
※「送信実行」ボタンをクリックした後は請求データの修正はできません。

【手続分類】	不動産
【手続名】	登記事項／地図・図面証明書交付請求書
【請求書様式】	［不動産］登記事項／地図・図面証明書交付請求書

送信実行　戻る（納付情報入力）

第3章 ここまで進んだ不動産登記のオンライン化

か全体像がわかる目録です。共同担保目録そのものが単体の資料となっているわけではなく、登記事項証明書の一部として掲載されています。**複数の不動産と連動**が取られているのです。

登記事項証明書を共同担保目録付きで取得すると、それが土地の登記事項証明書であったとしても、共同で担保となっている建物や土地持分が載っていることがあります。これにより、関連する不動産の全体把握につながるのです。

その他の物件把握方法

共同担保目録以外にも、所有する不動産全体を把握する方法があります。

１つは、市区町村の固定資産税課で、**固定資産課税台帳（名寄帳）**を取得して調べる方法です。毎年届く固定資産税納税通知書には、非課税となっている不動産が載っていない可能性があります。

固定資産課税台帳（名寄帳）には、市区町村の管轄内にその方が所有する不動産がすべて記載されています。所有者や相続人であれば請求できるので、利用するのも１つの方法です。

２つ目は、**権利証**や**不動産売買契約書**を再度確認する方法です。権利証には、名義変更をした土地や建物と同時に移転した道路持分などが載っている可能性があります。同様に、売買契約書にも対象物件の表示がありますので、参考になるはずです。

いずれにせよ、物件の把握には十分注意を払いましょう。

登記事項証明書の共同担保目録（道路持分などがある場合）

共　同　担　保　目　録			
記号及び番号	（あ）第2340号	調製	平成20年11月12日
番　号	担保の目的である権利の表示	順	予　　備
1	特別区南都町一丁目　１０１番の土地	1	
2	特別区南都町一丁目　１０１番地　家屋番号　１０１番の建物	1	余　白
3	特別区南都町一丁目　１０２番の土地 法務太郎持分	3	余　白

道路や駐車場についても「土地」と表記される

共有部分については「持分」と表記される

オンライン申請時代の権利証

オンライン申請とともに変化した権利証

2004（平成16）年までは権利証（正式には登記済権利証といいます）が、紙で作成されていました。これは、登記の申請を行うときに提出された申請書などに、法務局が登記済の押印をしたものです。「登記済」の記載とともに、登記受付年月日・受付番号・取扱庁印が付されていました。

権利証に押された受付年月日と受付番号は、登記簿にも記載されています。そのため、登記簿と照らし合わせることにより、どの不動産のどの権利に対する権利証であるかを確認していたのです。

権利証から登記識別情報へ

これまで見てきたように、法務局窓口での受け付けが基本だった登記申請は、現在オンライン化が進んでいます。

オンライン申請を推進するにあたりネックとなったものの１つが、権利証の位置付けでした。最終的には、申請書だけではなく添付書類を含むすべての書類のオンライン化を目指しているとされている中で、紙の権利証を維持していては手続き上、矛盾が生じてしまうと懸念されたのです。

そこで2004（平成16）年の不動産登記法改正により、「登記識別情報」というまったく新しい制度がスタートしました。

登記識別情報は、アルファベットとアラビア数字とが無作為に12桁並べられており、不動産ごと申請人ごとに発行されます。この12桁の符号を知っていることが、所有者である証明となるのです。つまり、暗証番号的な方式を採用したのです。

現在、登記申請を行うと、登記識別情報通知書という登記識別情報が記載された書類が発行されます。登記が完了すると、新しい所有者に渡す仕組みとなっています。いわば、マイナンバーの通知カードのような形で不動産の所有者に渡されるのです。

もちろん、登記識別情報になったからといってこれまで発行された紙の権利証が使えないわけではありません。

有効な権利証については、これまでどおり大切に保管してください。

オンライン化に伴うセキュリティーの問題

不動産登記のオンライン化に適合するものとして採用された登記識別情報。しかし、ここで１つの課題に直面しました。それが情報漏洩の問題です。

紙の権利証と異なり、登記識別情報の場合は情報が第三者に盗み取られてしまう恐れがあります。

そこで、登記識別情報通知書には12桁の符号が見えないよう折り込みカバー（フラップ）が貼られています。仮に自分の知らない間にカバーが剝がされていたら、情報が漏れたことがわかります。

やはり登記識別情報通知書においても、従来の権利証と同様に大切に保管します。それでもまだ漏洩が心配だという方には、登記識別情報そのものを失効させる制度もあります。大事な不動産の情報を失効させることに違和感がある方もいるかと思いますが、仮に失効させても、他の制度を利用することにより売買などを行うことは可能です。

ただ、実際には、失効を希望する方はほとんどいません。

登記識別情報通知書の見本

登記識別情報通知

次の登記の登記識別情報について、下記のとおり通知します。

【不動産】
大阪市中央区上町一丁目４番８の土地

【不動産番号】
１２０００００９９５９５
【受付年月日・受付番号（又は順位番号）】
平成２７年１月１５日受付　第７３号
【登記の目的】
所有権移転
【登記名義人】
大阪市中央区上町一丁目１００番地
法務花子

（以下余白）

＊下線のあるものは抹消事項であることを示す。

平成２７年１月１６日
大阪法務局
登記官　　大阪登記官一郎

記
登記識別情報

4	4	A	T	3	W	P	3	7	X	C	N

出典：登記識別情報通知書（法務省）

端を押さえながら左右のミシン目を切り剥がし、フラップを持ち上げて、中に記載されている登記識別情報を確認する

フラップ上部を押さえて、ミシン目より切り剥がす

7

遺言書さえもデータ化の時代へ

遺言書のデジタル時代

相続登記をする上で重要となるのが、遺言書の有無です。その遺言書においても一部でデジタル化が進められています。2020（令和２）年７月よりスタートした、法務局での「**自筆証書遺言書保管制度**」がそれです。

これまで、遺言者が自筆で遺言を作成した場合には、原本の保管・管理が大きな課題となっていました。せっかく書いた遺言書が死後も発見されない、発見されたが改ざんの疑いがある、などといったこともよくありました。

しかし、自筆証書遺言書保管制度により、**法務局に遺言書を保管し画像データ化**することが可能になりました。

自書した「自筆証書遺言」が制度の対象

遺言書は大きく２つのタイプに分けることができます。１つは公証役場で公証人が作成する「公正証書遺言」、もう１つは遺言者が全文、日付、氏名を自書する「自筆証書遺言」です（財産目録についてはパソコンでの作成も可能）。

法務局が行う「自筆証書遺言書保管制度」の対象となるのは、その名のとおり後者の**自筆証書遺言**です。自筆証書遺言は、自分１人で書くことができるため、誰にも知られずに作成することができます。その反面、先ほど述べたように発見されないまま相続手続きが進んだり、さらには、偽造・改ざんされるおそれがあるというデメリットがありました。

しかし、自筆証書遺言書保管制度を利用することで、紛失したり、改ざんされたりするリスクがなくなりました。

さらに、遺言書を保管するだけではなく、預ける際に遺言の様式を確認して

法務局における遺言書の保管等に関する法律について

2020（令和２）年７月10日施行

○自筆証書遺言の課題

従　来

自筆証書遺言にかかる遺言書は自宅で保管されることが多い

問題点

- 遺言書が紛失・亡失する恐れがある
- 相続人により遺言書の廃棄、隠匿、改ざんが行われる恐れがある
- これらの問題により相続をめぐる紛争が生じる恐れがある

対応策

公的機関（法務局）で遺言書を保管する制度を創設

【法務局で保管する利点】
- 全国一律のサービスを提供できる
- プライバシーを確保できる
- 相続登記の促進につなげることが可能

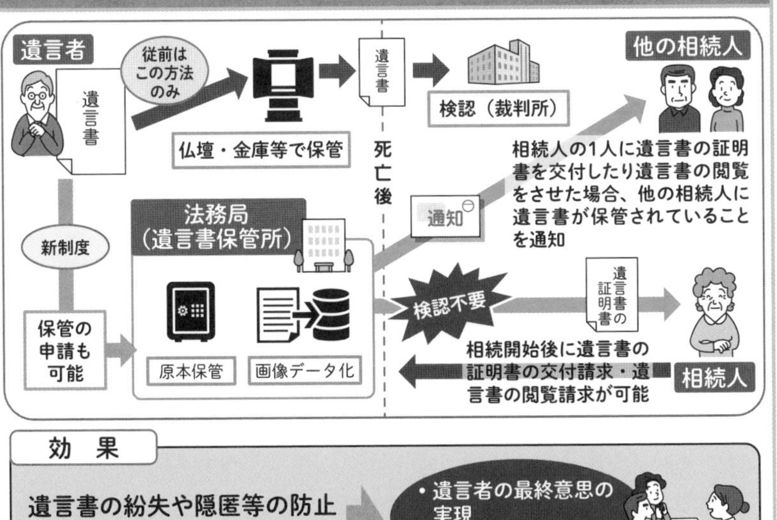

効　果

遺言書の紛失や隠匿等の防止
遺言書の存在の把握が容易

- 遺言者の最終意思の実現
- 相続手続きの円滑化

出典：法務局における遺言書の保管等に関する法律について（法務局）より作成

もらうことができます。したがって、“様式を満たしておらず無効”という、これまであったような事態を回避する体制ができたともいえます。

相続が起きたら遺言書保管事実証明書を請求する

「自筆証書遺言書保管制度」は、すべての法務局が取り扱うわけではありません。法務大臣に指定された法務局だけが「遺言書保管所」となります。

ここには、「**遺言書保管官**」という役職が配置されています。「遺言書保管官」は、遺言書が様式を満たしているか確認するほか、遺言の保管に関するさまざまな事務を行います。保管後に、遺言者は遺言書原本やデータの閲覧をすることもできます。

そして、実際に相続が起こった際、相続人や受遺者といった関係相続人等は「**遺言書保管事実証明書**」という書類の交付を請求する仕組みとなっています。この書類を遺言書に代わるものとして、相続登記で使用することになります。

遺言書保管事実証明書の見本

遺言書保管事実証明書

請求人	
資格	☑相続人　□相続人以外
氏名又は名称	遺言　一郎
住所	○○県○○市○○町○丁目○番地○
遺言者	
氏名	遺言　太郎
出生の年月日	昭和○年○月○日
遺言書	
作成の年月日	令和2年7月10日
遺言書が保管されている遺言書保管所の名称	○○法務局
保管番号	H0101-202007-100

上記の遺言者の申請に係る遺言書が遺言書保管所に保管され，上記のとおり遺言書保管ファイルに記録されていることを証明する。

令和3年7月10日
○○法務局

遺言書保管官
法務　三郎　みほん 電子公印

整理番号　ア000001　　1/1

出典：遺言書保管事実証明書見本１（法務省）より作成

第 4 章

登記簿の読み方と基本的な手続き

1 オンラインで登記事項証明書を取得したら

不動産の名義人は誰？

あなたは、登記事項証明書を取得したらまず何を確認するでしょうか。取得の目的にもよりますが、やはり「この不動産は誰の名義になっているか」ではないでしょうか。

相続で使用するために登記事項証明書を取得した場合は、特に注意が必要です。

不動産に関する仕事に普段から携わっているといった事情がない限り、登記内容を確認することはあまりないと思います。実際の登記事項証明書をよく見てみると、認識していた方と登記名義人とが一致していないケースがあります。例えば、父親が亡くなって相続登記をしようとしたら、まだ祖父の名義だったりすることがあるのです。

まずは、登記上の名義人が本当に自分たちの思っている人物となっているかを確認してみましょう。

登記名義人と固定資産税納税義務者は同じではない

よくある誤解が、登記名義人と固定資産税納税義務者との混同です。

不動産登記の相談に来られた依頼者の方に、「まだ名義変更ができていないようですね」とお伝えすると、大変驚かれる方がいらっしゃいます。「そんなはずはありません。固定資産税は私が払っています」と……。

固定資産税の納税義務者となったことをもって、登記の名義人になったものと勘違いされているのです。つまり、固定資産税の納税義務者＝登記名義人だと考えている方が少なくありません。

しかしながら、両者が必ずしも一致していないのが、不動産登記を把握する上で少しややこしいところです。

そもそも固定資産税を管轄するのは、市町村などの自治体です。これに対し、不動産登記を管轄するのは法務局なのです。

相続が起こって次の納税義務者を市町村に届け出ていたとしても、そのこととは別に法務局で名義変更の申請手続きをしない限り、登記の名義は変わらないのです。

不動産登記の名義変更は、不動産を管轄する**法務局で行う**ことをここで押さえておきましょう。

登記名義人の住所を確認する

登記事項証明書の所有者欄には名義人の氏名だけではなく、**名義人の住所**が記載されています。

不動産登記においては、不動産情報として所有者の住所と氏名が第三者からも確認できるようなっているのです。突然、不動産業者などから“売却しませんか？”といったダイレクトメールが届いた経験がある方もいらっしゃるのではないでしょうか。それは、このように登記名義人の住所と氏名が公示されているためです。

ところで、登記事項証明書を取得してみると、「名義人の住所が現住所とは違う」「古い住所のままだった」と気づくことがあります。

登記は、その不動産を購入したときや相続登記をした時点での住所が記載されます。そのため、当時の住所のままの可能性があります。

この登記上の住所は、47ページで述べたとおり引っ越しなどをしたとき、住民票を別の場所に移せば、登記上の住所も自動的に変更されるというわけではありません。登記上の住所を変更するには、移動後の住民票などを取得して、**法務局で住所変更登記**を行う必要があります。不動産を売買する場合にはその前提として、この住所変更登記が求められます。

相続登記においては、住所変更登記を省略することができるのですが、住所のつながりを示す資料はやはり必要となります。

2

甲区・乙区で不動産の内容をチェック

登記事項証明書から不動産情報を把握しよう

法務局が公開する登記事項証明書には、不動産に関するあらゆる情報が載っています。これは、所定の請求書を提出することで、誰でも取得することができます。

不動産の所有者のことだけではなく、不動産を担保に融資を受けていること、何かしらの滞納があって債権者から差押えを受けていることなど、その不動産にまつわるあらゆる情報が掲載されています。

多くの情報が載っているだけに、これらの情報を何の基準もなくランダムに載せてしまっては、傍から見たときに何が何だかわからなくなってしまいます。そこで、不動産に関する情報をわかりやすく確認できるよう、一定の基準の下で大きく「表題部」と「権利部」の項目に分けられています。

不動産の状況を表す「表題部」

「表題部」は登記事項証明書の上段に設けられた最初の項目です。その不動産の物理的な現況を把握するために必要な情報が載っています。まず、表題部で土地や建物を特定します。

土地であれば、所在、地目、地積などに加え、土地ごとに地番と呼ばれる番号が付与されています。

一方、建物については、所在、種類、構造、床面積などが載っています。土地の地番に対し、建物には家屋番号という番号が付与されており、その番号で建物を特定します。

登記事項証明書（不動産登記）の見本（土地）

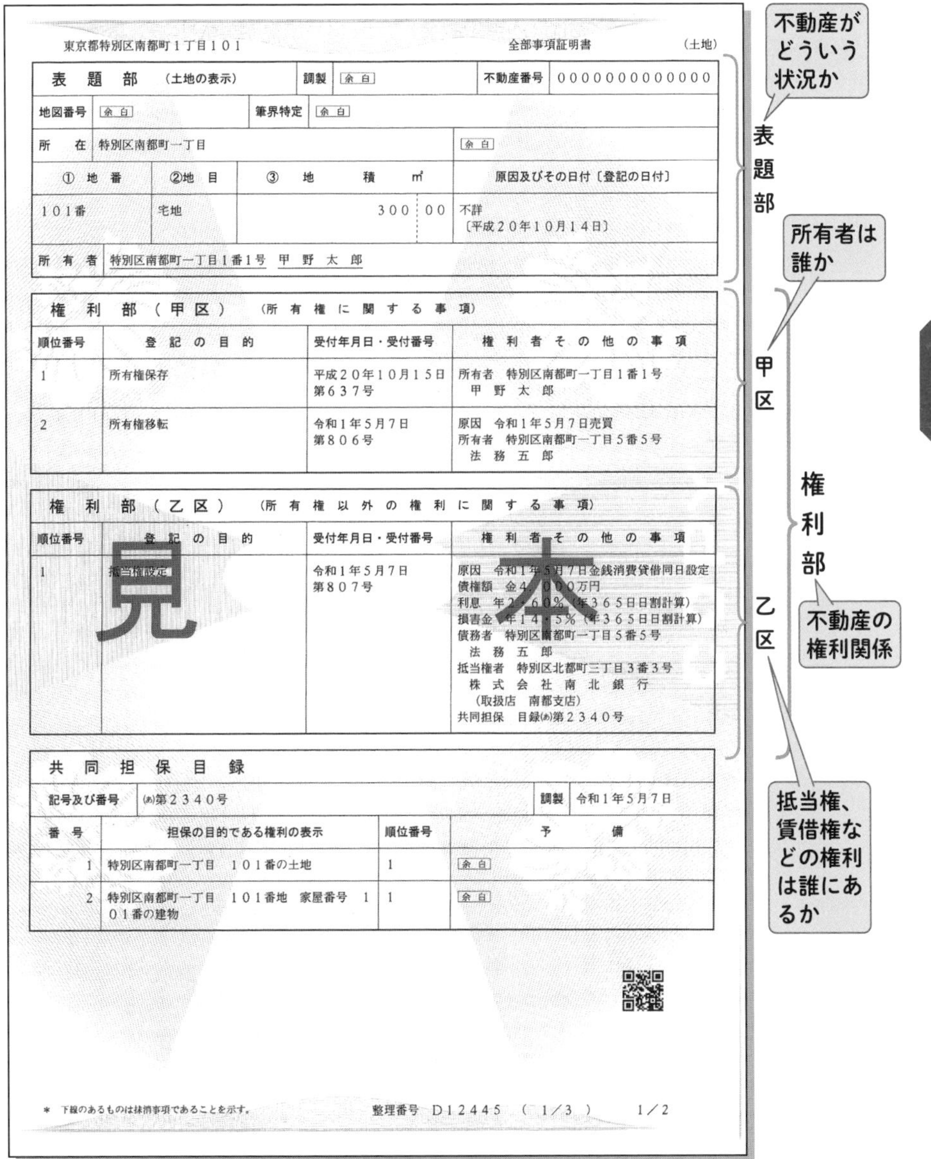

東京都特別区南都町１丁目１０１　　　全部事項証明書　　　（土地）

表　題　部　（土地の表示）		調製	余白	不動産番号	００００００００００００００
地図番号	余白	筆界特定	余白		
所　在	特別区南都町一丁目			余白	
①　地　番	②地　目	③　地　積　㎡		原因及びその日付〔登記の日付〕	
１０１番	宅地	３００　００		不詳 〔平成２０年１０月１４日〕	
所　有　者	特別区南都町一丁目１番１号　甲　野　太　郎				

権　利　部（甲　区）（所　有　権　に　関　す　る　事　項）			
順位番号	登　記　の　目　的	受付年月日・受付番号	権　利　者　そ　の　他　の　事　項
１	所有権保存	平成２０年１０月１５日 第６３７号	所有者　特別区南都町一丁目１番１号 甲　野　太　郎
２	所有権移転	令和１年５月７日 第８０６号	原因　令和１年５月７日売買 所有者　特別区南都町一丁目５番５号 法　務　五　郎

権　利　部（乙　区）（所　有　権　以　外　の　権　利　に　関　す　る　事　項）			
順位番号	登　記　の　目　的	受付年月日・受付番号	権　利　者　そ　の　他　の　事　項
１	抵当権設定	令和１年５月７日 第８０７号	原因　令和１年５月７日金銭消費貸借同日設定 債権額　金４，０００万円 利息　年２・６０％（年３６５日日割計算） 損害金　年１４・５％（年３６５日日割計算） 債務者　特別区南都町一丁目５番５号 法　務　五　郎 抵当権者　特別区北都町三丁目３番３号 株　式　会　社　南　北　銀　行 （取扱店　南都支店） 共同担保　目録(あ)第２３４０号

共　同　担　保　目　録			
記号及び番号	(あ)第２３４０号	調製	令和１年５月７日
番　号	担保の目的である権利の表示	順位番号	予　　備
１	特別区南都町一丁目　１０１番の土地	１	余白
２	特別区南都町一丁目　１０１番地　家屋番号　１０１番の建物	１	余白

＊ 下線のあるものは抹消事項であることを示す。　　整理番号　Ｄ１２４４５　（１／３）　　１／２

- 表題部：土地や建物を特定する情報
- 甲区：所有権に関する情報
- 乙区：所有権以外の権利に関する情報

出典：登記事項証明書（不動産登記）の見本（法務省）より作成

 2つに分かれる不動産登記の「権利部」

「権利部」は所有者の変更のように不動産に関する物権変動を公示するところです。「権利部」はさらに、所有権に関する事項を記載する「甲区」、所有権以外の権利に関する事項を記載する「乙区」に分かれます。

「表題部」が不動産の物理的情報だったのに対し、「甲区」「乙区」には民法に基づく権利関係が公示されているのです。

「甲区」では所有権の保存、移転、変更、更正、抹消、処分の制限の登記が記載されます。「保存登記」というのは、所有権の登記のない不動産について、初めてなされる権利の登記です。「移転登記」は、これまで出てきたように相続などで権利主体である所有者を変更する登記です。「変更、更正登記」は、すでになされている登記の内容を変える登記です。「処分の制限の登記」は、差押え等の登記のことです。

「乙区」には借入れの情報などが記載される

「甲区」における所有権の名義人だけではなく、「乙区」も確認するようにしましょう。「乙区」にも、その不動産に関する重要な情報が載っています。

その「乙区」には、所有権以外の権利に関する事項が記載されます。所有権以外の権利とは、地上権、永小作権、地役権、先取特権、質権、抵当権、賃借権、配偶者居住権、採石権です。

この「乙区」で最もよく目にするのが、抵当権といわれる権利です。抵当権とは、個人や法人が不動産を担保に金融機関など（貸主）からお金を借りた際に、貸主のために設定される権利です。

返済の約束だけでは、返済が滞ったときに貸金の回収が不能となる恐れがあります。そこで貸主は、返済されない場合に不動産を競売にかけることができるよう担保を設定しておくのです。

例えば、住宅ローンを組めば、銀行から融資を受けて不動産を購入することができます。融資をもとに土地や建物の売買代金を支払い、その後、分割して返済していくことになります。抵当権は、お金を借りたときに設定され、最終的にすべて返済し終わったときに登記から消すことになります。

3

順位番号で不動産の歴史をチェック

「甲区」の順位番号に注目

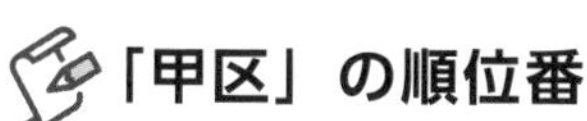

前項では、登記事項証明書の「表題部」「権利部」という不動産登記の大きな枠組みについて解説しました。

今度は、「権利部」の「甲区」における順位番号に注目してみましょう。

83ページの上図を見てください。「甲区」には、順位番号欄と事項欄があります。順位番号欄は、その不動産について登記がなされた順序を示しています。つまり、登記の内容として過去の情報も記載されており、より古いものから新しいものへと時系列に項目が増えていきます。これにより、これまでの所有者が誰であったのか、所有者の変遷がわかるようになっています。

また、所有権に関する事項欄には、登記の目的、受付年月日・受付番号、登記原因とその日付、所有者の住所氏名が記載されていて、誰がいつどのようにその不動産を取得したのかを知ることができるようになっています。

順位番号欄と所有権に関する事項欄を併せて見ることにより、現在の所有者、そして、過去の所有者がどのような理由（相続、売買、贈与など）で取得したのかまでわかるようになっているのです。

物権変動と不動産登記

このように「甲区」を読むことにより、その不動産の所有者が誰であるか、その前は誰であったのかを知ることが可能となります。ＡさんからＢさんへ、ＢさんからＣさんへと、所有者が変わることを「物権変動」といい、その過程を登記は忠実に表しているのです。

また、物権という不動産に対する権利は、不動産を直接支配する権利です。

１つの不動産に同一内容の物権は、成立しません（物権の排他性）。つまり、Ａさんと Ｂさんの２人の所有権が両立することはありません（共有はまた別の概念になります）。

第三者が物権の存在やその変動を確認できるように不動産登記がその役割を担っているのです。

「主登記」と「付記登記」

このように重要な意味を持つ不動産登記ですが、その他にもルールがあります。それが、「主登記」と「付記登記」と呼ばれるものです。

「主登記」とは、甲区及び乙区の順位番号欄に、独立して付された順位番号です。物権変動があると、主登記により新たな順位番号が付されることになります。原則として、登記は主登記によってなされるとされています。

これに対し、「付記登記」は独立の番号ではなく、「主登記」と一体となって付される番号です。「付記１号」といった具合に「主登記」に準ずる形で記載されます。例としては、所有者の住所が変わった際などは「付記登記」として記載されます。

「乙区」に記載される抵当権

次ページ下図を見てください。「乙区」に複数の抵当権が設定されています。

もし債務の支払いが滞った場合には、順位の最も高い抵当権を持つ債権者（先に登記をした者）が優先的に弁済を受ける仕組みとなっています。

相続登記の際に、すでに支払いが終わっているにもかかわらず、登記簿上に古い抵当権が残ったまま（抹消されていない状態）になっていることがあるかもしれません。それは、例えば住宅ローンを完済したからといって自動的に抹消されるものではなく、自分で抵当権抹消登記を行わなければ抹消されないからです。その場合は、いったん相続登記により名義変更を行った後、債権者へ連絡して、返済が終わっているかを確認します。返済されていた場合は、すぐに抹消しましょう。

権利部（甲区）は順位番号に注目

●登記事項証明書の例その１（売買 → 売買 → 相続）

権利部（甲区）（所有権に関する事項）			
順位番号	登記の目的	受付年月日・受付番号	権利者その他の事項
1	所有権移転	昭和○年○月○日 第○○号	原因　昭和○年○月○日売買 所有者　A
2	所有権移転	平成○年○月○日 第○○号	原因　平成○年○月○日売買 所有者　B
3	所有権移転	令和○年○月○日 第○○号	原因　令和○年○月○日相続 所有者　C

●登記事項証明書の例その２（売買 → 一部売買）

権利部（甲区）（所有権に関する事項）			
順位番号	登記の目的	受付年月日・受付番号	権利者その他の事項
1	所有権移転	昭和○年○月○日 第○○号	原因　昭和○年○月○日売買 所有者　A
2	所有権一部移転	平成○年○月○日 第○○号	原因　平成○年○月○日売買 共有者 持分２分の１ B

権利部（乙区）は先順位者を確認

１番の抵当権は、支払いを終えてすでに消されていることがわかります

権利部（乙区）（所有権以外の権利に関する事項）			
順位番号	登記の目的	受付年月日・受付番号	権利者その他の事項
1	抵当権設定	平成○年○月○日 第○○号	原因　平成○年○月○日金銭消費貸借同日設定 債権額　金○○万円 利息　年○％ 損害金　年○％ 債務者　A 抵当権者　株式会社X銀行
2	1番抵当権抹消	平成○年○月○日 第○○号	原因　平成○年○月○日弁済
3	根抵当権設定	平成○年○月○日 第○○号	原因　平成○年○月○日設定 極度額　金2,000万円 債権の範囲　銀行取引　手形債権　小切手債権 債務者　B 根抵当権者　株式会社Y銀行
付記１号	3番根抵当権変更	平成○年○月○日 第○○号	原因　平成○年○月○日変更 極度額　金5,000万円

３番の根抵当権は、現在も不動産に設定されたままです。
途中、借入れの枠である極度額を変更しています

4 登記名義人が亡くなったら相続登記か相続放棄を

登記上の現在の名義人を確認

ここまで、登記事項証明書の項目である「表題部」「権利部」や順位番号について解説しました。

自分や家族に関する不動産情報を知る上で、登記の仕組みとともに、どこを見たらよいのか、そのポイントを知っておくことが重要です。そのことが、不動産の情報を正確に掴むことにつながります。

登記上の現在の所有者が誰になっているのかを必ず確認しましょう。このときに見るべきポイントは、「権利部」「甲区」の順位番号を上から下に追っていき、**最終番号**の箇所を確認します。「甲区」の枠の一番下の欄が重要です。

次に、最終番号の事項欄を左から右に目を通します。すると、順位番号、登記の目的、受付年月日・受付番号、権利者その他の事項、が記載されていることがわかります。縦列最終の順位番号の横列一番右。ここに載っている方が現在の名義人ということになります。このとき、現在の名義人に持分が記載されていれば、その不動産は共有状態にあります。

不動産の売却には相続登記が必要

今回の改正不動産登記法が影響するのが、現在の登記名義人が亡くなっているケースです。先ほどのように登記を確認し、現在の名義人を確認できたとしても、その方がすでに亡くなっていれば、現状と一致していないことになります。そのため、相続による名義変更が必要となります。

そして、改正法施行後は、相続人は相続開始の日から基本的に３年以内に登記申請を行う必要が出てきます。義務化に関わらず、不動産の登記名義人が亡くなった段階で、すぐに相続登記に着手するほうがよいでしょう。

実際のところ相続登記を行うきっかけとして多いのが、不動産の売却を前提としたものです。相続人が不動産を売却する場合、必ず相続登記をしなければなりません。物権変更の過程（所有権移転の流れ）を忠実に登記簿に記載することが求められているためです。

絶対に相続しないといけないのか？

相続が起こると、相続人は相続財産を引き継ぐことになります。

とはいえ、相続財産には、プラスの財産だけではなくマイナスの財産も含まれます。相続人が、亡くなった方の財産を把握しておらず、後日債権者から督促状が届くこともあります。

相続財産を確認し借金のほうが多い、相続人として関わりたくない、といった場合には、相続放棄も選択肢に入ります。絶対に相続しないといけないという決まりはありません。

ただ、相続放棄は、基本的に相続の開始を知ったときから３か月以内に家庭裁判所に対し放棄の旨を申述する必要があります。「自分は放棄した」と口頭でいくら言っても、正式なものとはなりませんので注意しましょう。

相続放棄の概要

申述期間	自己のために相続の開始があったことを知ったときから３か月以内
申述先	被相続人の最後の住所地の家庭裁判所
費用	800円（収入印紙）、連絡用の切手
必要な書類	申述書、被相続人の住民票除票または戸籍附票、放棄する人の戸籍謄本、被相続人の死亡の記載のある戸籍（除籍、改製原戸籍）謄本など ※詳しくは申述を行う家庭裁判所にお尋ねください

5 遺言の有無をデータベースで調べる

遺言を相続登記で使用する

遺言があれば特定の相続人、あるいは、法定相続人以外の方に不動産を渡すことができるとこれまでお伝えしてきました。

つまり、亡くなった方が生前に遺言を作成していた場合には、その遺言を使って登記手続きを行うことができるのです。

通常、相続登記には、さまざまな書類が必要となります。その中で最も高いウエイトを占めるのが戸籍です。

相続において遺言で指定がない限り、亡くなった方の法定相続人全員が不動産に対する権利を持つことになります。亡くなった方の不動産の権利を持つ人が誰なのか、それを証明するのが戸籍です。すべての相続人を確認するため、亡くなった方の出生から死亡に至るまでの戸籍を集める必要があります。

一方で、遺言があれば、その遺言と遺言者が亡くなったことがわかる戸籍だけで名義変更ができます（相続人の住民票などは別途必要）。何より、不動産を誰が取得するのかを決める遺産分割協議が不要となるので、手続きが一段とスムーズになります。

まずは遺言の有無を確認する

相続登記においても大きな意義を持つ遺言ですが、亡くなった方が、遺言を書いていたことを近親者に伝えていないことも考えられます。

遺言が見つからないまま相続の手続きが進めば、故人の意思が尊重されずに相続人同士の話し合いで不動産の帰属が決まってしまうことが起こり得るのです。

公証役場での遺言検索

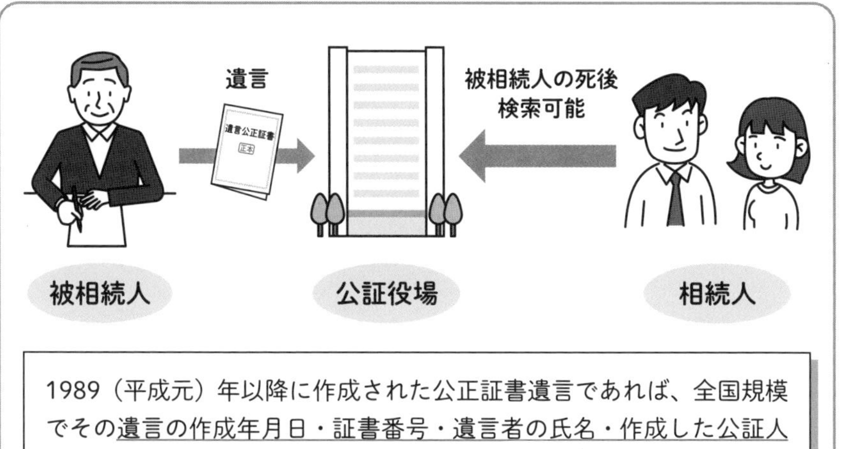

1989（平成元）年以降に作成された公正証書遺言であれば、全国規模でその遺言の作成年月日・証書番号・遺言者の氏名・作成した公証人名を検索できる

公正証書遺言を検索（謄本請求）することができる人

遺言者の生存中	秘密保持のため、いかなる方からのどのような照会も（その存在の有無も含め）不可 （ただし、遺言者本人からの申出は可能）
遺言者の死亡後	秘密保持のため、相続人等利害関係人に限られる

もし、相続人間の話し合いで誰が不動産を相続するかを決めて相続登記を行った後に遺言が見つかると、不動産の最終的な帰属を巡ってトラブルに発展する可能性があります。そうならないためにも、**遺言の有無**は相続登記を行う前に調べておくことをお勧めします。

遺言の有無については、まずは自宅内や銀行の貸金庫など心当たりの場所を探してみましょう。それでも見つからない場合は、公的機関に遺言の有無の照会を依頼することができます。具体的には、**公証役場**や法務局に遺言が保管されている可能性があります。

公証役場で遺言を検索

公証役場には、作成した公正証書遺言の原本が保管されています。また、誰がいつ遺言を書いたのかを登録しており、全国の公証役場でデータベース化されています。

相続人であれば、亡くなった方が公正証書遺言を生前に作成していないか、最寄りの公証役場の検索システムを利用し、1989（平成元）年以降に作成されたものであれば、すぐに調べることができます。

書いていたことがわかり、遺言の所在がわからない場合は、手数料を支払うことで公正証書遺言の謄本（写し）を再交付してもらえます。

法務局で遺言の有無を調べる

それでは、公証役場を利用せず、本人が１人で作成した自筆証書遺言を探す場合は、どうすればよいのでしょうか。

72ページでも紹介したように2020（令和２）年７月から**法務局**で画像データとして遺言書を保管する**自筆証書遺言書保管制度**ができましたので、これを利用している可能性も考えられますから、法務局に確認しましょう。

公正証書遺言の検索（謄本請求）をする際に必要な書類（相続人の場合）

1	遺言者の死亡の記載がある資料	戸（除）籍謄本※
2	遺言者の相続人であることを明らかにする資料	戸籍謄本※
3	請求者の本人確認資料（AとBのどちらかを持参）	請求者本人の場合 A：運転免許証/マイナンバーカード等の本人確認資料 認印 請求者の代理人の場合 B：交付から３か月以内の印鑑登録証明書 実印を押した請求者からの委任状代理人の本人確認資料

※上記１及び２の証明資料に代えて、認証文のある法定相続情報一覧図を利用することもできる

6

出生から死亡に至るまでの戸籍を集める

戸籍は時代によって記載事項・様式が異なる

日本は、家族関係を公的に示す戸籍制度が整備されています。

戦時中に空襲で焼失した場合などを除き、かなりの確率で出生から死亡に至るまでの一連の戸籍を取得することができます。

ただ、この戸籍のややこしいところが、時代によって**記載事項や様式が変わっている点**です。というのも、明治・大正時代の改製原戸籍では、家督相続制度により編製されていて、現代の戸籍とは異なり、家長（戸主）を中心に何世代もの親族が1つの戸籍に在籍しているのです。

その後、一夫婦一戸籍（1組の夫婦に対して1つの戸籍）となりました。1つの戸籍には、父、母、子までしか載らないようになっています。

普段、戸籍を取得することがあるとしても、全部事項証明書（戸籍謄本）と呼ばれる現在の戸籍で事足りることが多いはずです。

ところが、相続においては、**出生時から死亡の旨の記載がある戸籍**に至るまで“内容も様式も異なる”戸籍を何通も集めていくのです。そのことが、慣れない方にとっては負担となることが多いのです。

まずは亡くなった時点の戸籍を取る

相続登記に限らず相続手続きを進めるにあたり、多くの戸籍を集めていくことになります。

戸籍を集めるポイントを、大きく2つに絞るとわかりやすいでしょう。

まずは、亡くなった方の**出生から死亡に至るまでの戸籍**が必要だということです。亡くなった方の戸籍を集めていくことにより、婚姻していたのか、子どもがいるのか、あるいは、婚姻していないが兄弟姉妹はいるのか、といったことが明らかになります。

集める手順としては、亡くなった時点の戸籍から取得していくのがよいでしょう。戸籍は本籍地の市区町村で管理しているため、もし生涯本籍地が同じであれば、同一の市区町村ですべて取得することができます。

ただ実際のところは、生涯同じ本籍ということはあまりないようです。婚姻（「新戸籍の編製」といいます）や、引っ越しなどを契機に本籍を移していること（「転籍」といいます）が多々あります。どこの本籍から移ってきたのかを知るためにも、死亡時の戸籍を取り、１つ前の「従前戸籍」がどこの市区町村にあるのかを確認しましょう。

一方で、本籍が同じ場合でも、戸籍の改製（法律により様式が変わること）により新しい戸籍が作られていることもあります。その場合は、改製前のものも取るようにしましょう。

亡くなった方の出生から死亡までの戸籍を取ることができたなら、今度は、その方の相続人の現在の戸籍を取得します。これにより、相続人となるべき方が健在かどうかなどを確認することができます。

窓口または郵送での戸籍請求

戸籍を取得する際に、亡くなった方の本籍地が近くにある場合は、役所に出向き窓口で請求する方法が考えられます。役所の窓口に戸籍取得のための申請書がありますので、それに必要事項を記入します。申請時に手数料を支払えば戸籍を取得できます。

戸籍を取得できる役所が近くにはない場合は、郵送での請求が可能です。ただし、電話やメールでの請求は、現在のところできません。

郵送請求の場合も戸籍取得のための申請書が必要です。市区町村のホームページなどから郵送請求書をプリントアウトして、必要事項を記入します。

実費の支払いについては、定額小為替を使用します。普段あまり使用することがない定額小為替ですが、郵便局で購入することができます。取得する戸籍の枚数に合わせて購入し、小為替、請求書、返信用封筒、本人確認資料を封筒に入れ、請求を行うことになります。

故人に関する書類の取得方法

戸籍謄本・抄本、除籍謄本、改製原戸籍謄本、戸籍の附票

取得できる人	配偶者、直系尊属（親・祖父母）、直系卑属（子・孫）、代理人（ただし委任状が必要）など
取得できる場所	本籍がある（もしくは、かつて本籍があった）市区町村役場
費用	• 戸籍謄本・抄本　１通450円 • 除籍謄本・改製原戸籍謄本　１通750円 • 戸籍の附票　１通300円 ※戸籍の附票のみ市区町村によって異なります
必要書類	• 申請書（役所のHPから郵送用の申請書をダウンロードできます） • 本人確認書類（パスポート、運転免許証、マイナンバーカードなど） ※郵送の場合は、定額小為替、返信用封筒、切手なども必要になります

印鑑登録証明書

取得できる人	本人、代理人（ただし、印鑑カードなどが必要）
取得できる場所	印鑑登録をしている市区町村役場や出張所、行政サービス端末設置場所、コンビニエンスストア（ただし、マイナンバーカードがあれば）など
費用	１通300円 ※市区町村によって異なります
必要書類	印鑑登録証か印鑑登録カード

住民票の写し

取得できる人	本人、本人と同じ住民票に記載されている人、代理人（ただし、委任状が必要）
取得できる場所	住所地の市区町村役場、コンビニエンスストア（マイナンバーカードがあれば）
費用	１通300円 ※市区町村によって異なります
必要書類	申請書、本人確認書類（パスポート、運転免許証、マイナンバーカードなど） ※郵送の場合は、定額小為替、返信用封筒、切手なども必要になります

7 「法定相続情報証明制度」で相続関係をデータ化

相続で利用したい「法定相続情報証明制度」

必要な戸籍を集めた後、ぜひとも利用したい制度があります。それが、「法定相続情報証明制度」です。これは相続関係を戸籍とは別の書類として証明することができる制度で、相続手続きの効率化につながるものです。

法定相続情報証明とは、戸籍をもとに亡くなった方の相続人が誰なのかを法務局が証明します。法務局の登記官が提出された戸籍と相続関係を一覧に表した図を精査し、問題がなければ相続関係を一覧に表した図を法定相続情報としてデータ化します。相続人であれば誰でも利用することができる制度です。

そのデータをもとに、法定相続情報一覧図がつくられ、その写しである「法定相続情報一覧図の写し」という書類を交付してもらえます。これは、法定相続人を家系図形式でまとめた図に認証文を付した証明書のことで、取得すれば、相続登記はもちろんのこと、預貯金の解約手続きや相続税の申告でも戸籍の代わりとして使用することができます。

各機関ごとに戸籍を取得し、かつ提出する手間を省くことが可能となります。戸籍は、改製原戸籍だと１通750円の発行手数料がかかるので法定相続情報一覧図の写しを利用することにより、コスト削減にもつながります。

法務局の登記官が確認し証明した公的書類なので、提出のたびに各機関がすべての戸籍を確認するといった作業を避けられます。

「法定相続情報一覧図の写し」の取得方法

では、「法定相続情報一覧図の写し」はどのように取得するのでしょうか。

法定相続情報一覧図の交付を行うのは、全国の法務局となります。ただ、申出ができる法務局は決まっています。亡くなった方の本籍地、最後の住所地、不動産の所在地、または、申出人の住所地を管轄するいずれかの法務局から選択します。

申出にあたっては、申出書の他に、亡くなった方の出生から死亡までの戸籍、相続人の現在の戸籍等を提出します。相続人の住所を載せるか否かは任意のため、記載したい場合のみ相続人の住民票等を添付します。

この制度を利用したいけれど面倒だという方は、弁護士や司法書士などの専門家に依頼するのがよいでしょう。

取得費用は、無料となっています。希望に応じ何枚でも発行してもらうことができます。相続登記以外での使用がある場合は、少し多めに取得しておくのがよいでしょう。

法定相続情報は**5年間保存**されますので、その間であれば申出人から再交付を依頼することもできます。

相続登記と連動して進めるとスムーズに

この制度を利用するタイミングですが、戸籍が揃い次第申出を行うか、相続登記申請と同時に申出を行うことが考えられます。

ちなみに筆者の事務所では、相続登記と同時に申出を行うことが多いです。相続登記と並行して進めることにより、法務局に提出や資料受取りのために出向く回数を減らすことができます。複数の法務局の管轄にまたがる不動産がある場合は、次の法務局で法定相続情報一覧図の写しを使用し、相続登記の申請を行うことができます。戸籍の確認が不要になるため、処理が早まります。

相続登記と同時に銀行の預貯金や有価証券の名義変更などで使用したい場合も、法定相続情報一覧図を複数発行し、それぞれで利用することができます。

以前であれば、銀行窓口で戸籍の確認やコピーに時間がかかっていました。現在では、この一覧図を使用することにより、銀行窓口での待ち時間を短縮することができます。

使える制度はどんどん利用し、スムーズな相続手続きを行うことが肝要です。

法定相続情報一覧図の写し

最後の住所は、住民票の除票（または戸籍の附票）により確認して記載する（最後の本籍の記載は、申出人の任意であるが、住民票の除票等が市区町村において廃棄されている場合は、被相続人の最後の住所の記載に代えて最後の本籍を必ず記載する）

被相続人　　法務太郎　　法定相続情報

被相続人の氏名を記載する

相続人の住所の記載は任意。記載する場合は、住民票の写し等にあるとおり記載するとともに、その住民票の写し等を提出する必要がある。記載しない場合は、「住所」の項目を削除する

最後の住所
福岡県北九州市小倉北区○○○丁目○番○号
最後の本籍
福岡県北九州市小倉北区○○○丁目○番
出生　昭和20年２月１日
死亡　令和３年４月28日
（被相続人）
法　務　太　郎

住所　東京都○○○市○○町○○○番地○
出生　昭和55年６月７日
（長男）
法　務　一　郎（申出人）

申出人となる相続人には、「（申出人）」と併記する

住所　東京都○○区○○○丁目○○番○号
出生　昭和57年８月９日
（長女）
法　務　貴　子

住所　福岡県北九州市小倉北区
　　　○○○丁目○番○号
出生　昭和22年４月５日
（妻）
法　務　花　子

以下余白

作成者は作成した日を記載し、自身の住所を記載の上、記名する

作成日：　令和３年６月１日
作成者：　住所　東京都○○○市○○町○○○番地○
　　　　　氏名　　法務　一郎

※法定相続情報一覧図は、Ａ４縦の用紙を使用する。なお、下から約５cmの範囲に認証文を付すので、可能な限り下から約５cmの範囲には記載をしないようにする。紙質は、長期保存することができる丈夫なものにする。また、文字は、直接パソコンを使用し入力するか、または黒色インク、黒色ボールペン（摩擦等により見えなくなるものは不可）で、楷書ではっきりと書くこと。

出典：法定相続情報一覧図の写し（法務局）より作成

第5章

相続登記（名義変更）を オンラインで申請しよう

1 不動産の名義変更に必要な書類とは

不動産登記は「申請主義」

不動産登記法では当事者自らが登記を申請するという“**申請主義**”を採用しています。不動産の名義を取得しようとする方が自ら申請書を作成し、登記申請をしなければならないのです。

申請方法には、2つの方法があります。書面申請と法務省のオンライン申請システムを利用したオンライン申請です。つまり、取り扱い窓口となる法務局に所有者が変わった旨を口頭で申し出ても不動産の名義変更はできないのです。

また、申請書とともに、本当に申請内容に基づいたものか法的な効力を証明するため、申請書の他にさまざまな書類を提出します。これらの書類は、“添付書類”といわれています。

相続登記においては戸籍謄本（一式）が添付書類となる

第4章で戸籍について説明しましたが、相続登記においてはこの戸籍（法定相続情報一覧図の写しも可）を添付書類として使用します。

必要な戸籍をすべて集めることにより、名義人が亡くなったことやその相続人が誰であるかということを証明することができます。

戸籍により相続人が確定したら、今度は**相続関係説明図**と呼ばれる書類を作成します。

相続関係説明図とは、亡くなった方の相続関係を家系図のような形で相続人が証明するもので、この相続関係説明図には、亡くなった方の本籍、氏名、生年月日、死亡年月日、相続人の住所、氏名、本人との続柄などを記載します。

相続関係説明図の例

被相続人　法務　太郎　相続関係説明図

最後の住所　北九州市小倉北区○○○丁目○番○号

最後の本籍　北九州市小倉北区○○○丁目○番

登記簿上の住所　北九州市小倉北区○○○丁目○番○号

（昭和２０年２月１日生）
（令和３年４月２８日死亡）
被相続人　法務　太郎

相続人
住所　東京都○○○市○○町○○○番地○
長男　法務　一郎（昭和５５年６月７日生）

相続人
住所　東京都○○区○○○丁目○○番○号
長女　法務　貴子（昭和５７年８月９日生）

相続人
住所　北九州市小倉北区○○○丁目○番○号
妻　法務　花子
（昭和２２年４月５日生）
（昭和５０年６月１日婚姻）

住民票の除票または戸籍の附票も必要に

戸籍の他に必要となる書類が、亡くなった方の本籍の記載がある住民票です。

正確には、亡くなった方は死亡により住民基本台帳から除かれるので、住民票の除票が必要となります。登記簿上の所有者と亡くなった方が同一人物であることを証明するためです。

第２章６項で述べたとおり、住所の変更があればそのつど、住所変更登記を本来しておくべきところです。

しかしながら、相続登記においては、亡くなった方の住所変更登記を省略する代わりに、登記簿上の住所と亡くなった方の住所が一致するよう住民票の除票を提出する必要があります。

ただ、住民票の除票には、住所の移動がすべて記載されるわけではありません。亡くなった方が登記名義を取得した当初の住所から、たびたび住所を移しているケースでは、住民票の除票だけでは住所の変遷を証明することはできません。

その場合、戸籍の附票という書類を取得します。戸籍の附票は本籍地の市区町村で取得することができ、戸籍に記載されている人の住所の変遷が記録されています。したがって、登記簿上の住所から複数回住所を移転しているケースでは、戸籍の附票を提出します。

この戸籍の附票ですが、2019（令和元）年６月に住民基本台帳法の一部が改正され、保存期間が５年間から150年間に延長されました。なお、すでに保存期間を経過してしまっているものについては、発行することができないので注意が必要です。

2

次の名義人は誰になるのか？

遺言がなくても配偶者は常に相続人に

亡くなった方が所有していた不動産の次の名義人は誰にするのか……。このことは、「相続人が誰であるか」ということが大きく関わります。

亡くなった方が生前に遺言を作成していたケースでは、遺言の指定に従うことになりますが、ここでは遺言がない場合について触れていきます。

まず、押さえておくべきなのが、配偶者は常に相続人になるということです。後から詳しく説明しますが、他に相続人がいても、配偶者の相続人としての地位に影響はありません。

なお、民法上の相続においての配偶者とは、戸籍上の配偶者を指します。つまり、内縁の関係では、相続権は発生しないので注意が必要です。

配偶者以外の相続人の順位

配偶者以外の相続人には、民法により第１順位から第３順位まで優先順位が定められています。第１順位が子どもなどの直系卑属、第２順位が両親などの直系尊属、第３順位が兄弟姉妹などの傍系血族です。

この民法上の順位があるため、亡くなった方に子どもがいたら、当然その子どもが相続人となります。子どもが相続放棄をしない限り、第２順位、第３順位の親族が相続人になることはありません。子どもが先に亡くなっているときは、その子ども、つまり亡くなった方から見て孫が相続人となります。

亡くなった方が生涯独身で子どもがいなければ、第２順位の両親（両親がいない場合は祖父母）が相続人になります。第２順位がいない場合は、第３順位の兄弟姉妹が相続人になります。

兄弟姉妹が相続人だったケースで、その方たちが先に亡くなっているときは、その子ども、つまり亡くなった方から見て甥・姪が相続人となります。

相続人には法定相続分がある

相続人の順位が決まっているように、相続人ごとの相続する割合も民法で決められています。この民法で定められた割合はあくまで法律上の基準であり、法定相続分と呼ばれています。

さて、この割合ですが、相続人の構成によって変わってきます。相続人が１人のときは、当然その１人がすべて取得します。

相続人が配偶者と第１順位である子どもが１人の場合は、配偶者２分の１、子ども２分の１となっています。子どもが複数いれば、子ども全員でその２分の１を均等に分けることになります。

相続人が配偶者と第２順位の両親となる場合は、配偶者３分の２、両親３分の１となります。父母ともに健在のときは、父と母は均等に分けた６分の１ずつとなります。

相続人が配偶者と第３順位の兄弟姉妹の場合は、配偶者４分の３、兄弟姉妹４分の１となります。兄弟姉妹が複数いれば、兄弟姉妹同士でその４分の１を均等に分けます。

相続放棄や数次相続で相続人の数が変わる

ここまで民法で定められた相続人の範囲やその順位、相続する割合について見てきました。相続人の把握は、順位を押さえられればそれほど難しくないように感じます。

しかしながら、家族によって事情はさまざまです。相続人１人ひとりを正確に把握しておかなければ、予期せぬ事態に陥ることもあり得るのです。

例えば、相続放棄がなされた場合です。相続放棄は、基本的に相続の開始を知ったときから３か月以内に家庭裁判所に対して申述することになっています。

相続放棄をすることにより、放棄した方は初めから相続人でなかったことになります。仮に、子どもが複数人いてそのうちの１人が相続放棄すると、その

民法で定められている相続人となる人の順位

① 結婚している人の場合
→その配偶者（夫・妻）は
常に相続人になる

② その他、相続人となる人は
第１順位から第３順位まで
順番が決まっている

第１順位	子または孫
第２順位	父母または祖父母
第３順位	兄弟姉妹または甥・姪

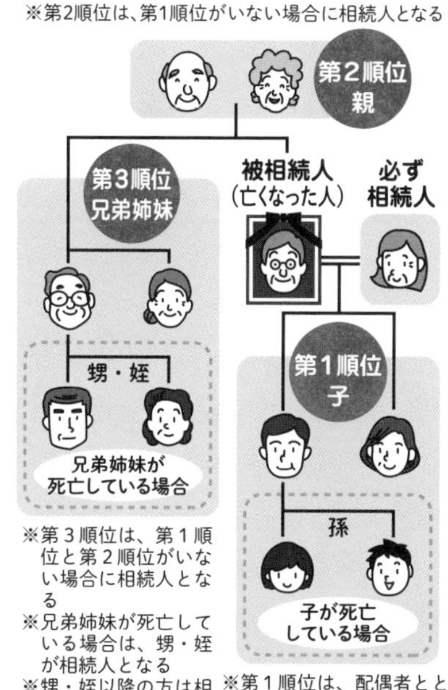

※第３順位は、第１順位と第２順位がいない場合に相続人となる
※兄弟姉妹が死亡している場合は、甥・姪が相続人となる
※甥・姪以降の方は相続人にならない

※第１順位は、配偶者とともに必ず相縁人となる
※子が死亡している場合は、孫が相続人となる

方は相続人から除かれることになり他の子どもの相続割合が増えます。

もっとも、すべての子どもが同じように相続放棄をすると、第１順位の相続人がいなくなるため、第２順位の相続人に相続権が移ります。一般的に両親が先に亡くなっていることが多いため、この場合は一気に第３順位の兄弟姉妹が相続人となることがあるのです。そして、配偶者や兄弟姉妹まで相続放棄すれば、相続人不存在という事態になります。

また、相続人だった方に相続が発生しているときも注意が必要です。具体的には、遺産分割協議や相続登記を行わないうちに相続人の１人が亡くなり、立て続けに相続が発生している状態（数次相続）のことです。この場合、後で亡くなった方の相続関係が最初の相続に影響し、相続人がさらに増える可能性があります。相続発生後に新たな相続が発生していないかを確認し、相続権がどこまで広がっているのかを見極めることがとても重要です。

3

名義人は１人？それとも複数人？

１人が名義人になる「単有名義」

相続人が確定すると、今度は亡くなった方が遺した不動産の名義を、誰が引き継ぐのかを決めます。

名義人の人数については、制限はありません。名義人として、１名で登記することも複数人で登記することもできます。

不動産の名義人を１人とした場合は、民法上は「**単有名義**」という扱いになります。

単有であれば、当然のことながら、今後はその人１人の判断で引き継いだ不動産を貸したり売ったりすることができます。

複数人が名義人になる「共有名義」

これに対し、名義人が複数人のときは、みんなで不動産を**共有**している扱いになります。この共有状態となった場合は、少し注意が必要です。

共有というのは、１つの不動産に対する所有権を共有者全員で持っている状態を指します。そして、各共有者の権利を割合で表していきます。

共有の不動産を貸すときには、持分の価格の過半数を持つ共有から同意を得る必要となります。さらに、売るときは**共有者全員の同意**が必要です。

将来的な運用を視野に入れて名義人を決めないと、思うように処分ができない、共有者の１人が亡くなりさらに共有者が増える、など思わぬリスクを抱える可能性があります。

法定相続分に基づいて登記を行う場合

共有にする方法の１つとして、相続人全員がその“法定相続分”に基づいて相続登記を行うことができます。これが**法定相続による所有権移転登記**です。

例えば、亡くなった方の相続人が、配偶者と子ども２人である場合は、法定相続によるそれぞれの持分は配偶者２分の１（４分の２）、子どもがそれぞれ２分の１（子どもたちの合計４分の２）となります。この持分に従い配偶者と子どもで相続登記を行えば、法定相続による所有権移転登記になります。

法定相続の場合の持分は、法律で決まった権利の割合です。したがって、持分に関する話し合いは不要です。

また、相続人の１人から、登記申請を行うこともできます。ただ、この申請方法を取ると、不動産登記法の規定により、申請人以外の相続人には登記識別情報通知書が交付されません。法定相続とはいえ、申請人以外の名義人が知らないところで名義変更が行われてしまう可能性があり、これは好ましくないでしょう。

法定相続においても、相続人全員が関わることが将来のために望ましいです。

法定の持分どおりに相続登記を行った後も、話し合いで単有名義に変更することも可能です。この場合、現行法においては持分が増える相続人に他の相続人の持分を移転します。

遺産分割協議に基づいて登記を行う場合

相続人同士で話し合いができるのであれば、初めから話し合った内容で相続登記をするのがよいでしょう。不動産の次の所有者を誰にするのかを話し合いで決めるのが**遺産分割協議**です。

もちろん遺産分割協議の対象となる財産は、不動産以外のものもあります。遺産分割協議においてすべての財産を対象に話し合うこともできますし、不動産に限り話し合うことも可能です。その結果は遺産分割協議書にまとめます。

いずれにしても、遺産分割協議の中で不動産を誰が引き継ぐのかを決めます。このときに重要なのが、この遺産分割協議には**相続人全員が参加**しないといけないということです。

仮に、相続人のうちの誰かを除外して協議を行ったとしても、それでは無効な協議とみなされてしまいます。

ですので、相続人の１人と連絡がつかない、相続人同士の仲がよくないといった事情がある場合、生前に遺言を書くなどの対策を取っておくのが賢明です。

遺産分割協議書の内容

遺産分割協議書の内容については次のとおりとなります。

① 被相続人の情報を明らかにする

まず、誰の相続に関連した遺産分割協議なのかを明示します。具体的には、本籍、氏名、死亡年月日など亡くなった方の情報を記載します。

② 協議内容を文書化する

次に、遺産分割協議で話し合った内容を書面化します。相続人のうちの誰がどの不動産を取得したのかを記載しますが、不動産の表示については、注意が必要です。というのも、対象となる不動産がどこにあるどの物件なのかを正しく記載する必要があるからです。よくある間違いが住民票上の住所を記載していることです。住民票上の住所はあくまで個人の住所地です。不動産の場合は、土地であれば**所在と地番**、建物であれば**所在と家屋番号**で特定します。その他に、種類や構造などを追加で細かく記載する方法もあります。

不動産の情報が曖昧な場合は、登記事項証明書や固定資産評価証明書などと照らし合わせながら正確に記載します。

③ 相続人の情報の記入と押印をする

そして、最後に相続人の情報として、住所・氏名を記入します。重要なものとしては、**実印の押印**があります。記名（自筆でなくパソコンやゴム印で氏名を記すこと）押印でも登記は受け付けられますが、後々トラブルにならないように署名を行うほうが望ましいでしょう。

この遺産分割協議の内容を書面化した遺産分割協議書は、相続登記で添付書類として使用します。

遺産分割協議書の例

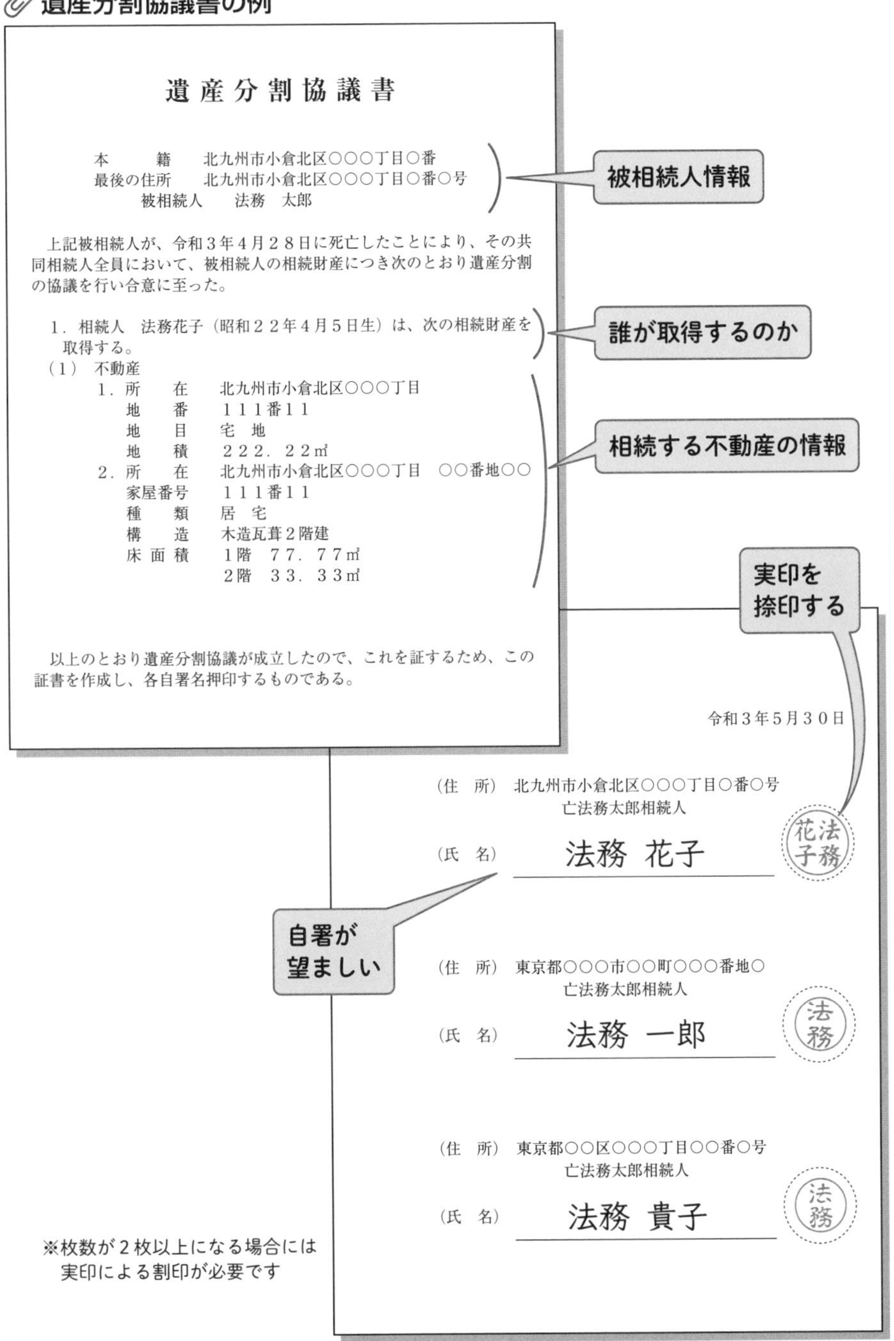

遺産分割協議書

本　　　籍　　北九州市小倉北区○○○丁目○番
最後の住所　　北九州市小倉北区○○○丁目○番○号
被相続人　　法務　太郎

上記被相続人が、令和３年４月２８日に死亡したことにより、その共同相続人全員において、被相続人の相続財産につき次のとおり遺産分割の協議を行い合意に至った。

１．相続人　法務花子（昭和２２年４月５日生）は、次の相続財産を取得する。

（１）　不動産

１．所　　在　　北九州市小倉北区○○○丁目
　　地　　番　　１１１番１１
　　地　　目　　宅　地
　　地　　積　　２２２．２２㎡

２．所　　在　　北九州市小倉北区○○○丁目　○○番地○○
　　家屋番号　　１１１番１１
　　種　　類　　居　宅
　　構　　造　　木造瓦葺２階建
　　床 面 積　　１階　７７．７７㎡
　　　　　　　　２階　３３．３３㎡

以上のとおり遺産分割協議が成立したので、これを証するため、この証書を作成し、各自署名押印するものである。

令和３年５月３０日

（住　所）　北九州市小倉北区○○○丁目○番○号
亡法務太郎相続人
（氏　名）　法務　花子　（印：花子法務）

（住　所）　東京都○○○市○○町○○○番地○
亡法務太郎相続人
（氏　名）　法務　一郎　（印：法務）

（住　所）　東京都○○区○○○丁目○○番○号
亡法務太郎相続人
（氏　名）　法務　貴子　（印：法務）

※枚数が２枚以上になる場合には
実印による割印が必要です

4 相続人が海外にいたら

進む相続のグローバル化

グローバル化により人の往来が活発になった現代では、海外に暮らす日本人も珍しくなくなりました。短期的に海外出張に行くようなケースでは、住所は日本に置いたままだと思います。

ところが、海外で長期間働いたり、外国で国際結婚をするなどした場合は海外に在住ということになり、日本から海外に住所を移すことになります。このことは相続手続きに少なからず影響をもたらします。

海外に移住すると住民票の記載はどうなる？

日本人が海外に住所を移した場合、住民票などの取り扱いはどうなるのでしょうか。日本の住民票の除票上には転出欄に「○○○○国」と記載されます。つまり、住民票に載るのは国名のみで、移転先の住所は載りません。これでは、現住所の証明そのものができないことになります。

このことは、印鑑証明書の取り扱いにも影響してきます。そもそも印鑑証明書は、日本に住所を有する方が住所地である市区町村で印鑑登録を行い、住所・氏名・印影により、届け出た印鑑が本人のものであることを公的に証明するものです。したがって、印鑑登録している市区町村から海外に移住した場合は、住民登録抹消と同時にその方の印鑑登録も抹消されてしまいます。

このように海外に転出すると、相続で使用する住民票や印鑑証明書を取得することができない状態となるのです。

代わりとなる書類を集める

相続人が海外にいて、住民票や印鑑証明書を取得できないからといって、当然のことながら相続手続きや相続登記ができないわけではありません。それらに代わる書類を取得することにより、手続きを進めることができます。

では、住民票に代わる書類としてまず何を取得すればよいのでしょうか。日本人が海外に在住の場合は、「**在留証明書**」で代用します。この証明書は、日本領事館などの在外公館が発行するもので、現在の居住先の住所が、日本語と外国語で併記されます。また、外国に住所を定めた日や日本における本籍地なども載せることができます。

印鑑証明書に代わるのが、「**署名証明**」です。こちらも「在留証明書」と同じく日本領事館で発行してもらうことができます。日本領事館に出向き、遺産分割協議書など相続に必要な書類に相続人がサインし、証明をもらいます。

国や地域によって差はありますが、領事による「本職の面前で署名したことを証明します」という奥書（おくがき）が入ります。

相続人が外国人のことも

外国人（日本国籍を持たない人）が相続人となることもあります。よくあるのが、相続人となるべき方が国際結婚などにより日本国籍を喪失したり、兄弟姉妹が相続人となるはずであったが先に亡くなりその子どもが外国籍であるというケースです。

これまでと大きく違うのが、相続人が外国人の場合は、日本のような戸籍がないことです。もちろん国によっては、死亡したことを証明する公的書類などもありますが、日本の戸籍に相当するものは少ないです。

そこで、相続人が外国人の場合は、「**宣誓供述書**」という書類が必要となります。この書類は、日本でいう公証役場にあたる現地の公的な機関が、身分関係などを認証証明したものです。多くの場合、証明してもらいたい内容を文書化し、外国籍の相続人本人が自国の公的機関で認証を受けなければなりません。

また、海外はサインが一般的なので、遺産分割協議書などにサインしてもらい「サイン証明」を印鑑証明書の代わりに取得してもらいます。

5
「脱はんこ」「脱押印」の流れで増す実印の重み

あらゆる場面で印鑑を多用している日本

これまで日本社会にはあらゆる場面で、そしてあらゆる書面に、押印する習慣が根付いていました。役所に提出する書類への押印、契約書への押印、企業内部における確認のための押印など、至るところで押印が必要だったのです。

現に私たちは、実印の他にも認印、朱肉のいらないインク浸透印など、１人でいくつもの印鑑を持っています。

個人に限らず、法人も同様です。法人は設立登記のときに、原則として法人印を法務局に届け出ます。その他にも、銀行印、支店長印といったようにさまざまな種類の印鑑がさまざまなシーンで使用されてきました。

「脱はんこ」「脱押印」へ

この押印習慣が一変したのが、新型コロナウイルス感染拡大による人々の移動制限でした。対面や接触を避けるためテレワークを進めても、決裁印などをもらうため、結局は出社せざるを得ないという矛盾が生じました。

これにより、日本社会における非効率な側面に気づかされたのです。そこで、政府や自治体、企業は「脱はんこ」「脱押印」に向け大きく舵を切ることになりました。政府は、**押印廃止、書面・対面主義の見直し**に向けた法改正を進めることを決定します。また、自治体や企業でも書類への押印を廃止する方向になりました。

そして、2020（令和２）年11月には、河野太郎行政改革担当大臣が「本人確認にならない認印はすべて廃止する」とし、民間からの申請などで行政手続きの認印を全廃するとの方針を示します。

企業・行政におけるはんこの扱い

では、これからどのように「脱はんこ」「脱押印」の流れが進んでいくのでしょうか。また、押印習慣が一切なくなってしまうのでしょうか。

まず、法律の規定に基づかない企業内部などでの押印は間違いなく減るものと思われます。新型コロナウイルス感染拡大により経済の立て直しとともに産業構造の変換が求められる今、１枚の書類に何箇所も押印するようなシステムは意義を失っています。また今後は、企業間での取引はデジタル化が進み電子認証となり、**電子署名**が主流となるはずです。

一方の行政側においても、同じようなことがいえます。これまで行政手続きはその根拠となる法律において、押印が求められていました。しかしながら、およそ１万5,000種類の行政手続きのうち実印などを求める83種類を除いて押印を廃止する方向で準備が進められています。

例えば、住民票の写しの交付請求や離婚・婚姻届、給与所得者の扶養控除（年末調整）などが廃止の検討対象となっています。これらの手続きでは押印が廃止されるとともに、オンラインでの申請が進むことになるでしょう。

実印が廃止となるわけではない

ここまで「脱はんこ」「脱押印」に関する大まかな流れを見てきましたが、引き続き維持される制度もあります。それが、実印と印鑑証明書です。

実印や印鑑証明書が維持されるには理由があります。取引の安全や意思確認の担保のためです。

相続においてはこの実印と印鑑証明書が大きな意味を持ちます。相続は、遺産の権利関係に関わる話であり、対外的にも誰が財産を引き継いだのかを明確に示す必要があるのです。

当事者の意思に基づかない資料をもとに手続きがなされてしまえば、法的安定性が害されることに他なりません。

このような点から、不動産登記や商業・法人登記の申請、自動車の登録といった手続きにおいては、実印による**押印が維持**されることになります。

今後は、押印の機会が減る分、実印の重みが増すものと考えられます。

6 相続登記にかかる登録免許税

相続登記では登録免許税がかかる

具体的な相続登記の方法の前に、誰もが気になる相続登記にかかる費用について確認しておきましょう。

費用については、税金と登記の専門家である司法書士に依頼した場合の司法書士報酬との２つに大きく分けられます。

ここでは、司法書士に依頼せず自分で手続きをした場合でもかかる費用について説明します。

通常、不動産登記を申請するためには、**登録免許税**という税金が発生します。印紙で納付することができるので、印紙代などといわれることもあります。

不動産登記にかかる登録免許税は、登記の内容によって計算方法が変わります。名義変更、つまり**所有権が移転する場合**などは、所有権移転登記をする不動産の課税価格に**税率を掛けて求めます**。これに対し、抵当権を抹消したりする場合は、不動産１個につき1,000円と計算します。

登録免許税率は0.4％

税率を掛ける対象となる課税価格とは、不動産の価格のことを指します。正確には土地や建物の固定資産税評価額を用いることになっています。固定資産税評価額は、年度によって変更があります。したがって、申請する年度の固定資産税評価額を使用します。

相続登記は**所有権が移転する場面**ですので、課税価格である固定資産税評価額に税率を掛けて求める方式となります。

その税率は、相続登記の場合は1,000分の４となっています。例えば、固定

登録免許税の計算例

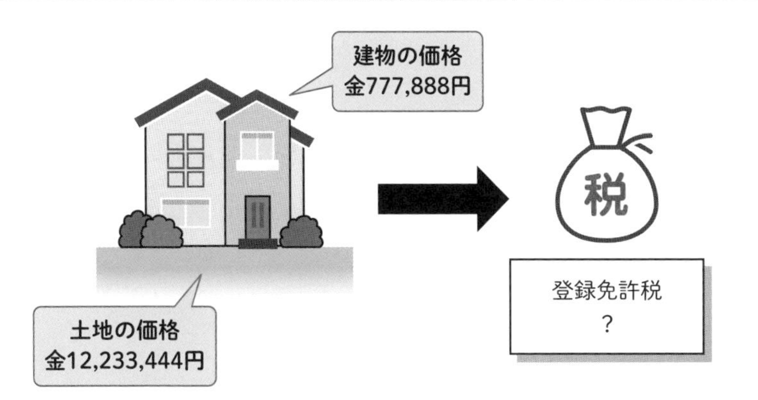

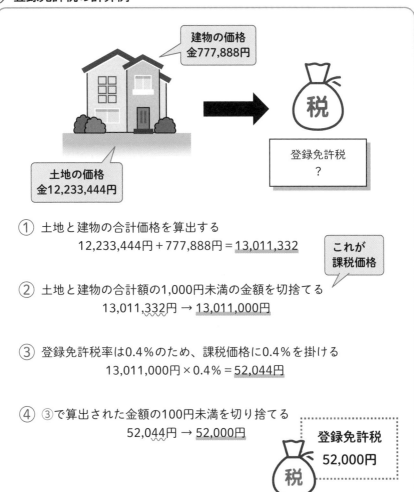

① 土地と建物の合計価格を算出する
12,233,444円＋777,888円＝13,011,332

これが課税価格

② 土地と建物の合計額の1,000円未満の金額を切捨てる
13,011,332円 → 13,011,000円

③ 登録免許税率は0.4％のため、課税価格に0.4％を掛ける
13,011,000円×0.4％＝52,044円

④ ③で算出された金額の100円未満を切り捨てる
52,044円 → 52,000円

登録免許税
52,000円

資産税評価額が1,000万円の土地を相続で取得したら、４万円を登録免許税として納付することになります。

なお、課税価格は1,000円未満を切り捨てて計算します。そして、価格が1,000円に満たないときは、1,000円となります。

同様に、登録免許税は、100円未満の金額は切り捨てて計算します。ただし、計算した金額が1,000円に満たないときは、最低でも1,000円となります。

なお、2018（平成30）年度の税制改正により、相続による土地の所有権の移転登記について、登録免許税の免税措置が設けられ、2021（令和３）年度の税制改正により、免税措置の適用期限が2025（令和７）年３月31日までに延長されました。

登記費用には司法書士報酬が含まれることも

このように相続登記では、固定資産税評価額に税率を掛けて求める登録免許税がかかります。ご自身で登記申請まで行った場合にかかる費用は、戸籍などを取得した実費やこの登録免許税が考えられます。

それにプラスして手続きを司法書士に依頼した場合は、司法書士報酬がかかることになります。

司法書士報酬は、事務所によって異なります。以前は司法書士会全体としての報酬規定があったのですが、現在は廃止され完全に自由化されています。

事務所ごとの報酬体系となっているわけですから、実際に依頼する前に見積を依頼し、概算を把握しておくことをお勧めします。

この司法書士報酬を含めた費用については、登記費用と呼ばれることがあります。

その他の税金

その他、相続税が発生することがあります。もちろん、相続税は相続登記の際にかかるものではありません。不動産以外の財産や相続人の数などによって、発生の有無や納税額が変わってきます。

相続税が発生するようなケースだと、申告・納税期限が相続発生後10か月以内と決まっていますので、その点は注意が必要です。

なお、売買などで不動産を取得した際に通常発生する不動産取得税は、相続による名義変更（所有権移転登記）の場合はかかりません。

7

相続登記の申請書を作成する

申請書を作成するには

相続登記に必要な書類を取得し、登録免許税を計算したら、いよいよ登記申請です。法務局に登記申請を行い、登記簿の変更が行われて初めて、名義変更が完了となります。

登記申請にあたっては申請書を作成します。紙ベースで作成するにせよ、オンライン申請を利用するにせよ、申請書に記載する内容を理解しておくと具体的なイメージが湧くはずです。

ここでは最初に、申請書に記載が必要な事項を説明していきます。

申請書の内容を把握しよう

① 登記の目的

申請する登記の目的を記載します。名義変更の場合は、「所有権移転」となります。すべて所有権移転となるわけでなく、共有となっている不動産の持分だけが移る場合もあり、その場合は、「○○持分全部移転」となります。

亡くなった方が全権利を持っていたのか、持分で持っていたのかを登記事項証明書で再度確認しましょう。

② 原因

登記には必ず変更すべき事態に至った原因があります。売買、贈与、時効取得などです。相続登記では、名義人が亡くなったことにより不動産の権利が移ります。したがって、名義人が亡くなった日付を原因として“令和○年○月○日相続”と記載します。

③ 相続人

不動産を引き継ぐ方の情報を記載します。具体的には、住所・氏名です。共有で取得する場合は、氏名の前に相続人ごとの持分も記載します。

また、法務局から連絡を取れるよう、申請人の電話番号を記載します。

忘れてはいけないのが、誰から引き継いだのかの記載です。“(被相続人○○○○)”のようにカッコ書きで、亡くなった方、つまり被相続人の氏名を記載します。登記原因証明情報の具体的な添付書類としては、戸籍（法定相続情報一覧図の写しも可）や遺産分割協議書（印鑑証明書付き）となります。

④ 添付書類（申請した内容を保証するために添付する書類）

登記原因証明情報と住所証明情報が、相続登記の際の添付情報となります。

⑤ 申請年月日と申請先法務局

申請をする日を記載します。これは実際に手続きを行う日であり、②の原因日付とは異なります。そして、申請先の法務局を記載します。不動産の所在地ごとに管轄がありますので、事前に法務局のホームページなどで確認しましょう。

⑥ 課税価格

不動産の課税価格を記載します。詳細は、前項を参照ください。

⑦ 登録免許税

納付する税額を記載します。詳細は、前項を参照ください。

⑧ 不動産の表示

土地や建物の情報を記載します。登記事項証明書を見ながら正確に記載しましょう。すべて記載するのが面倒な場合は、登記事項証明書に載っている不動産番号で代用することも可能です。

不動産が複数の場合は不動産それぞれの固定資産税評価額を記載します。

登記申請書の記入例

※受付シールを貼るスペースになりますので、この部分には何も記載しないでください。

登　記　申　請　書

登記の目的　　所有権移転

原　　　因　　令和１年６月２０日相続

相　続　人　　(被相続人　法　務　太　郎)

〇〇市〇〇町二丁目１２番地
　　持分２分の１　法　務　花　子　㊞
〇〇郡〇〇町〇〇３４番地
　　持分４分の１　法　務　一　郎　㊞
〇〇市〇〇町三丁目４５番６号
　　持分４分の１　法　務　貴　子　㊞
　連絡先の電話番号００－００００－００００

添付情報
　登記原因証明情報　住所証明情報
□登記識別情報の通知を希望します。

令和１年７月１日申請　〇〇 法務局（又は地方法務局）〇〇支局（又は出張所）

課税価格　　金　２，０００万円

登録免許税　　　金８万円*

不動産の表示
　不動産番号　１２３４５６７８９０１２３
　所　　在　〇〇市〇〇町一丁目
　地　　番　２３番
　地　　目　宅地
　地　　積　１２３・４５平方メートル　　　この価格金〇〇〇〇円

　不動産番号　０９８７６５４３２１０１２
　所　　在　〇〇市〇〇町一丁目２３番地
　家屋番号　２３番
　種　　類　居宅
　構　　造　木造かわらぶき２階建
　床 面 積　１階　４３・００平方メートル
　　　　　　２階　２１・３４平方メートル　　　この価格金〇〇〇〇円

＊不動産の価額が100万円以下の土地に係る相続登記の場合は登録免許税を免除
出典：登記申請書（法務省）より作成

8 登記・供託オンライン申請システムを利用する

申請方法は３パターン

不動産登記の申請方法には、次の３つのパターンがあります。

① **法務局窓口に持参して申請**
② **郵送による申請**
③ **オンラインによる申請**

ここでは、③のオンラインによる申請の概要を説明します。

申請用総合ソフトを準備する

オンライン申請を行う場合は、インターネット環境下で、パソコンに専用のソフトウェアである「**申請用総合ソフト**」をインストールします。

この「申請用総合ソフト」は、法務省の「登記・供託オンライン申請システム」のホームページから誰でもダウンロードすることができます（https://www.touki-kyoutaku-online.moj.go.jp/download_soft.html）。

ダウンロードができたら、申請者情報を登録します。これにより取得した申請者IDを使ってログインします。なお、この申請者IDは「かんたん証明書請求」でも使用することができます（57ページ参照）。

「申請用総合ソフト」の準備ができたら、ソフトの手順に従って管轄法務局へ相続登記の申請を行います。

オンラインによる相続登記の申請

では、申請方法を具体的に説明します。まず、申請用総合ソフトを起動させたら、申請様式を選択して申請書の作成作業を行います。登記に必要な事項を随時入力していくのですが、前項で説明した申請書に記載すべき登記の目的や原因、被相続人の住所などの内容を入力します。

このソフトの便利なところは、さまざまなパターンの申請書が用意されていることです。相続登記の場合、不動産登記申請書メニューの中から、「登記申請書（権利に関する登記）【署名要】」を選択し、さらに「**登記申請書（権利に関する登記）（４）所有権の移転（相続）【署名要】**」を選びます。

なお、「相続登記」というメニューはないので、間違えないようにしましょう。

「所有権の移転（相続）【署名要】」の申請書を選択したら、そのメニュー画面上に合わせて登記の目的などの必要事項をすべて入力していきます。

相続登記において、添付書類は「登記原因証明情報」と「住所証明情報」の２点となります。登記原因証明情報には、**戸籍一式や遺産分割協議書**などが該当します。一方、住所証明情報は、**新たな名義人（相続人等）の住民票**あるいは**戸籍の附票**となります。

PDFファイルの添付と電子署名

申請事項をすべて入力してもこれで完了ではありません。架空の登記を防止するため、相続関係説明図をPDFファイルとして添付しなければなりません。オンライン申請の準備ができた時点で、PDFファイル添付を忘れないようにしましょう。

さらに重要なこととして、オンライン申請では**電子署名**を使用します。個人で申請する場合は原則、マイナンバーカードを作成したうえで、公的個人認証サービスを利用することになっています。

まだまだ電子署名が普及しているとは言い難い現状があります。しかしながら、公的個人認証サービスを利用すれば、相続登記以外でも国税電子申告・納税システム（e-Tax）や自動車保有関係手続きのワンストップサービスなども利用することができ、利便性の向上につながります。

今後ますます行政手続きのオンライン化が進んでいくことを踏まえ、相続登記を契機に電子署名の導入を検討することをお勧めします。

電子署名は敷居が高いという方には、QRコード付き書面申請書という方法が2020（令和２）年１月から導入されています。こちらも、“登記・供託オンライン申請システム”を利用したものです。詳しい内容は、法務省のホームページをご参照ください。

添付書類の送付と手数料の納付

添付書類については、オンライン申請後に法務局に持参するか、郵送することになります。どちらにするかを示すため、登記原因証明情報（持参）あるいは登記原因証明情報（郵送）と入力します。

また、戸籍等（戸籍謄抄本、除籍謄本、改製原戸籍謄本）の原本還付を希望する場合は、登記原因証明情報（持参）（原本還付）とするか、あるいは、「その他の事項」に“添付書類の原本還付を希望します”と入力します。こうしておけば、相続登記完了後に提出した書類が返却されます。

手数料の納付については、電子納付（登録免許税のインターネットバンキング等を利用した納付）、印紙納付（登録免許税を収入印紙で納付）、現金納付（金融機関や税務署で納付）があります。

登記・供託オンライン申請システムによる登記

①「不動産登記申請書」の[+]をクリック

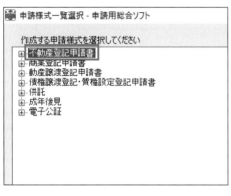

申請様式一覧選択 - 申請用総合ソフト

作成する申請様式を選択してください

- 不動産登記申請書
- 商業登記申請書
- 動産譲渡登記申請書
- 債権譲渡登記・質権設定登記申請書
- 供託
- 成年後見
- 電子公証

②「登記申請書（権利に関する登記）【署名要】」の[+]をクリック

申請様式一覧選択 - 申請用総合ソフト

作成する申請様式を選択してください

- 不動産登記申請書
  - 登記事項／地図・図面証明書交付請求書【署名不要】
  - 登記識別情報に関する証明請求書（有効証明）【署名要】
  - 登記識別情報に関する証明請求書（不通知・失効証明）【署名要】
  - 登記識別情報通知・未失効照会（通知・未失効の回答を取得するための照会です。証明書は請求
  - 登記識別情報の失効の申出書【署名要】
  - 登記識別情報通知ダウンロード様式【署名要】
  - 事前通知に基づく申出書【署名要】
  - 取下書【署名要】
  - 登記申請書（表示に関する登記）【署名要】
  - 登記申請書（表示に関する登記）（代理申請用）【署名要】
  - 登記申請書（表示に関する登記）（電子公文書一括取得用）【署名要】
  - 登記申請書（権利に関する登記）【署名要】
  - 登記申請書（権利に関する登記）（代理申請用）【署名要】
  - 登記申請書（権利に関する登記）（電子公文書一括取得用）【署名要】
  - 登記嘱託書（表示に関する登記）【署名要】
  - 登記嘱託書（表示に関する登記）（代理嘱託用）【署名要】
  - 登記嘱託書（権利に関する登記）【署名要】
  - 登記嘱託書（権利に関する登記）（電子公文書一括取得用）【署名要】
  - 信託目録記録申請書【署名要】
  - 信託目録記録申請書（代理申請用）【署名要】
  - 信託目録記録嘱託書【署名要】
  - QRコード（二次元バーコード）付き書面申請・嘱託書（書面申請のための様式です。別途印刷の上
- 商業登記申請書
- 動産譲渡登記申請書
- 債権譲渡登記・質権設定登記申請書
- 供託
- 成年後見
- 電子公証

③「登記申請書（権利に関する登記）（4）所有権の移転（相続）【署名要】」の[+]をクリック

申請書が表示される

登記申請書

この画面に必要事項を入力する

9

処理状況をWeb上で確認、お知らせもメールで受け取り

リアルタイムで登記の進捗を確認できる

オンライン申請の最大のメリットは、何といっても登記の進捗状況をリアルタイムで確認できる点にあります。

ちなみに、筆者が司法書士登録をした頃は、書面による申請を行っていました。過誤による修正（「補正」といいます）の連絡もすべて電話でのやり取りだったので、すぐに対応できないことがありました。また、登記が完了したかどうかは、法務局にそのつど確認するしかありませんでした。

ところが、現在はオンライン申請が主流となり、事務所のパソコンから申請を行うことができます。当然、申請を行うとすぐに登記受付が表示されます。天候や交通事情に左右されることなく申請を行うことができ、かつ、瞬時に受け付けられるので申請手続きをする立場としてはとても安心です。

同様に、登記の完了をWeb上で確認できる仕組みとなっています。名義変更の完了をすぐに確認することができ、新しい登記事項証明書を取得するなどスムーズに処理を行うことができます。

また、事前に登録したメールアドレスにお知らせメールが届くので、進捗状況の把握にとても役立ちます。

オンライン申請の利用時間

法務局の窓口受付は、平日８時30分から17時15分までです（土日、国民の祝日・休日、12月29日から１月３日までの年末年始を除く）。これに対して、オンライン申請だと21時まで利用することができます。日中は仕事で窓口に行けない方も、仕事を終えた後で手続きを行うことができるので、申請のため

申請用総合ソフトのお知らせ（登記完了）の画面表示の例

登記所名：福岡法務局北九州支局
登記所コード：2908
受付種別：不動産
受付年月日：令和３年４月 26 日
受付番号：第 9270 号 - -

登記申請に関する手続きが完了しました。

に休暇を取るといった負担がなくなります。

なお、17時15分を過ぎてオンライン申請が行われた場合は、送信した日の翌日が受付日となります。

オンライン申請手続き終了後の流れ

申請用総合ソフトのWeb画面で「処理状況」が「手続終了」となれば、相続登記完了です。その後、登記事項証明書を取得すると、新しい名義人の名前となっています。

相続登記が完了した時点で、登記識別情報通知書というものが発行されます。これは従来の登記済権利証に代わるものです。登記識別情報が導入される以前は、登記が完了すると申請書に法務局が登記を受け付けた旨の印鑑を押していました。

しかし、69ページでも解説した通り、2004（平成16）年に制度が変わり、12桁のアルファベットと数字で構成された情報として、新しい名義人に通知される仕組みとなっています。いわば、暗証番号制に近いものになったのです。

ただし、重要な情報なので、情報が見えないように折り込みカバーが付されています。登記以外で使用する機会はないので、不動産を売却するときなど以外は大切に保管しておきましょう。

なお、登記完了後に発行される登記識別情報は、オンラインで申請する際に、交付を申し出ることができます。交付先を申請人の住所としておけば、登記完了後数日して郵送で受け取ることができる仕組みとなっています。

10 司法書士に相談すると今後の相談窓口になる

登記の専門家に依頼する

自分で相続登記を行うのは時間と手間がかかり面倒だという方は、司法書士に相続登記の代行を依頼することができます。

司法書士は登記の専門家として、不動産登記や商業・法人登記を主要な業務としてきました。相続登記も不動産登記業務の１つであり、事務所によっては全国どこの不動産であっても対応しています。

登記の申請代行だけではなく、相談業務、戸籍の取得、遺産分割協議書の作成、法定相続情報証明書（法定相続情報一覧図の写し）の取得など、幅広く依頼者のサポートをしてもらうことができます。

司法書士に依頼するメリット・デメリット

自分1人では、どうしても勘違いに気づかずに手続きを進めてしまうことがあります。例えば、出生から死亡まで戸籍を揃えたつもりだが、一部が不足していた……。複数の相続が近接して立て続けに発生し、相続人を全員把握しきれていなかった……。といったように、法務局や銀行などから指摘されて初めて気づくこともしばしば見受けられます。

その点、司法書士に依頼したなら、戸籍の確認や相続人の判断などをプロの視点で丁寧に説明してもらうことができます。

また、登記事項証明書を見て、昔の抵当権などが残っていないかなどを確認したり、依頼者の負担や手間がさらに増えないようなアドバイスを受けられます。

デメリットは、費用がかかることです。費用については、事務所ごとの報酬体系となっています。見積書などを取り、納得した上で依頼するのがよいでしょう。

登記以外の手続きも任せられる

司法書士の業務範囲は、以前と比べ広がっているといわれています。相続登記に加えて、銀行預金の解約手続きを代行している事務所もあります。

また、成年後見業務という高齢者や障がい者の方の財産管理業務にも積極的に関わっています。成年後見人には、親族や専門職が選任され、現在、専門職の中では司法書士が１番多く選任され成年後見人として活躍しています。

この成年後見ですが、相続登記とも関係が深いです。例えば、相続人の中に認知症の方がいた場合は、そのままでは相続登記ができない可能性があります。病気で認知症が進行していた場合、どうしても判断能力が衰えてしまい、遺産分割の内容などの理解が難しくなっていることがあるからです。このような時は、本人の代わりに成年後見人が遺産分割協議や名義変更を行い、本人の権利を守っていきます。

その他、遺言のサポートや裁判所に提出する書類作成なども行っていますから相続登記の依頼をきっかけとして、何かあったときの相談窓口としてぜひお気軽に声をかけてください。

司法書士に相談したいとき

各都道府県には、司法書士を会員とする司法書士会という組織があります。

会によっては、司法書士を紹介する相談窓口を設置しているところもあります。知り合いがいない場合などは、会の紹介システムを利用する方法が考えられます。

話だけ聞いてみたいときは、会主催の相続や登記に関する無料相談会を利用してみるのもいいでしょう。無料相談会は、自治体の広報誌などで確認することができます。

全国司法書士会一覧

（2021年６月１日現在）司法書士 22735名 司法書士法人 867法人

会名	郵便番号	所在地	電話番号
札幌司法書士会	060-0042	札幌市中央区大通西13－４	011-281-3505
函館司法書士会	040-0033	函館市千歳町21－13　桐朋会館内	0138-27-0726
旭川司法書士会	070-0901	旭川市花咲町４	0166-51-9058
釧路司法書士会	085-0833	釧路市宮本１－２－４	0154-41-8332
宮城県司法書士会	980-0821	仙台市青葉区春日町８－１	022-263-6755
福島県司法書士会	960-8022	福島市新浜町６－28	024-534-7502
山形県司法書士会	990-0021	山形市小白川町１－16－26	023-623-7054
岩手県司法書士会	020-0015	盛岡市本町通２－12－18	019-622-3372
秋田県司法書士会	010-0951	秋田市山王６－３－４	018-824-0187
青森県司法書士会	030-0861	青森市長島３－５－16	017-776-8398
東京司法書士会	160-0003	新宿区四谷本塩町４－37　司法書士会館２F	03-3353-9191
神奈川県司法書士会	231-0024	横浜市中区吉浜町１番地	045-641-1372
埼玉司法書士会	330-0063	さいたま市浦和区高砂３－16－58	048-863-7861
千葉司法書士会	261-0001	千葉市美浜区幸町２－２－１	043-246-2666
茨城司法書士会	310-0063	水戸市五軒町１－３－16	029-225-0111
栃木県司法書士会	320-0848	宇都宮市幸町１－４	028-614-1122
群馬司法書士会	371-0023	前橋市本町１－５－４	027-224-7763
静岡県司法書士会	422-8062	静岡市駿河区稲川１－１－１	054-289-3700
山梨県司法書士会	400-0024	甲府市北口１－６－７	055-253-6900
長野県司法書士会	380-0872	長野市妻科399	026-232-7492
新潟県司法書士会	950-0911	新潟市中央区笹口１丁目11番地15	025-244-5121
愛知県司法書士会	456-0018	名古屋市熱田区新尾頭１－12－３	052-683-6683
三重県司法書士会	514-0036	津市丸之内養正町17－17	059-224-5171
岐阜県司法書士会	500-8114	岐阜市金竜町５－10－１	058-246-1568
福井県司法書士会	918-8112	福井市下馬二丁目314番地　司調合同会館	0776-43-0601
石川県司法書士会	921-8013	金沢市新神田４－10－18	076-291-7070
富山県司法書士会	930-0008	富山市神通本町１－３－16　エスポワール神通３F	076-431-9332
大阪司法書士会	540-0019	大阪市中央区和泉町１－１－６	06-6941-5351
京都司法書士会	604-0973	京都市中京区柳馬場通夷川上ル五丁目232番地の１	075-241-2666
兵庫県司法書士会	650-0017	神戸市中央区楠町２－２－３	078-341-6554
奈良県司法書士会	630-8325	奈良市西木辻町320－５	0742-22-6677
滋賀県司法書士会	520-0056	大津市末広町７－５　滋賀県司調会館２F	077-525-1093
和歌山県司法書士会	640-8145	和歌山市岡山丁24番地	073-422-0568
広島司法書士会	730-0012	広島市中区上八丁堀６－69	082-221-5345
山口県司法書士会	753-0048	山口市駅通り２－９－15	083-924-5220
岡山県司法書士会	700-0023	岡山市北区駅前町２－２－12	086-226-0470
鳥取県司法書士会	680-0022	鳥取市西町１－314－１	0857-24-7013
島根県司法書士会	690-0887	松江市殿町383番地　山陰中央ビル５階	0852-24-1402
香川県司法書士会	760-0022	高松市西内町10－17	087-821-5701
徳島県司法書士会	770-0808	徳島市南前川町４－41	088-622-1865
高知県司法書士会	780-0928	高知市越前町２－６－25	088-825-3131
愛媛県司法書士会	790-0062	松山市南江戸１－４－14	089-941-8065
福岡県司法書士会	810-0073	福岡市中央区舞鶴３－２－23	092-714-3721
佐賀県司法書士会	840-0843	佐賀市川原町２－36	0952-29-0626
長崎県司法書士会	850-0874	長崎市魚の町３番33号　長崎県建設総合会館本館６階	095-823-4777
大分県司法書士会	870-0045	大分市城崎町２－３－10	097-532-7579
熊本県司法書士会	862-0971	熊本市中央区大江４－４－34	096-364-2889
鹿児島県司法書士会	890-0064	鹿児島市鴨池新町１－３　司調センタービル３F	099-256-0335
宮崎県司法書士会	880-0803	宮崎市旭１－８－39－１	0985-28-8538
沖縄県司法書士会	900-0006	那覇市おもろまち４－16－33	098-867-3526

出典：日本司法書士会連合会ホームページより作成
https://www.shiho-shoshi.or.jp/association/shiho-shoshi_listh/

索引

あ

か

さ

た

は

ま

や

ら

岡　信太郎（おか　しんたろう）
1983年生まれ。北九州市出身。司法書士、合気道家、坂本龍馬研究家。関西学院大学法学部卒業後、司法書士のぞみ総合事務所を開設。政令指定都市の中で最も高齢化が進む北九州市で、不動産登記・遺産相続・後見業務を多数扱う。介護施設などの顧問を務め、連日幅広い層から法的サポートに関する相談を受けている。合気道（公益財団法人合気会四段位）の調和と護身の精神を取り入れた執務姿勢で、依頼者の厚い信頼を得る。『新版 身内が亡くなったあとの「手続」と「相続」』（監修、三笠書房）、『坂本龍馬 志の貫き方』（カンゼン）、『子どもなくても老後安心読本』（朝日新聞出版）、『済ませておきたい死後の手続き』（KADOKAWA）など著書多数。

図解(ずかい)でわかる改正民法(かいせいみんぽう)・不動産登記法(ふどうさんとうきほう)の基本(きほん)

2021年 8 月 1 日　初 版 発 行
2022年 8 月10日　第 2 刷発行

著　者　岡信太郎 ©S.Oka 2021
発行者　杉本淳一

発行所　株式会社日本実業出版社　東京都新宿区市谷本村町 3－29 〒162－0845
編集部　☎03－3268－5651
営業部　☎03－3268－5161　振　替　00170－1－25349
https://www.njg.co.jp/

印 刷・製 本／リーブルテック

ISBN 978-4-534-05865-2　Printed in JAPAN

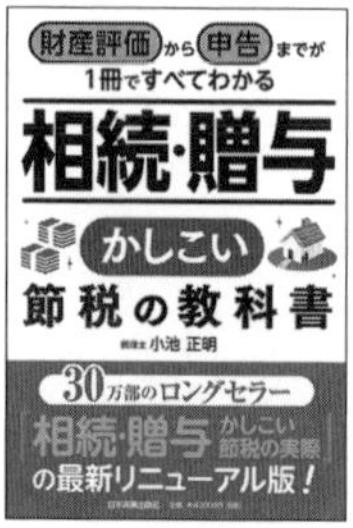

改正のポイントからオンライン申請手続きまで

図解でわかる

司法書士 岡 信太郎

改正民法・不動産登記法の基本

日本実業出版社